《东南亚研究》第一辑

《东南亚社会文化与投资环境》系列丛书

广东国际战略研究院 组编

菲律宾
社会文化与投资环境

FEILüBIN SHEHUI WENHUA YU TOUZI HUANJING

主编 吴杰伟

国家出版基金项目
NATIONAL PUBLICATION FOUNDATION
“十二五”国家重点图书出版规划项目

中国出版集团
世界图书出版公司

图书在版编目（CIP）数据

菲律宾社会文化与投资环境 / 吴杰伟主编. —广州：世界图书出版广东有限公司，2012.12

ISBN 978-7-5100-1838-1

Ⅰ. ①菲… Ⅱ.①吴… Ⅲ. ①菲律宾—概况 ②投资环境—概况—菲律宾 Ⅳ. ①K934.1 ②F134.1

中国版本图书馆CIP数据核字（2012）第305450号

菲律宾社会文化与投资环境

项目策划： 陈 岩
项目负责： 卢家彬 刘正武
责任编辑： 程 静
出版发行： 世界图书出版广东有限公司
（广州市海珠区新港西路大江冲25号 邮编：510300）
电　　话： 020-84451969 84459539
网　　址： http://www.gdst.com.cn
经　　销： 各地新华书店
印　　刷： 广东虎彩云印刷有限公司
版　　次： 2014年2月第2版 2018年9月第4次印刷
开　　本： 880mm×1230mm 1/32
印　　张： 7.5
ISBN 978-7-5100-1838-1/K·0166
定　　价： 30.00元

《东南亚研究》第一辑

《东南亚社会文化与投资环境》系列丛书

总 序

东盟是中国的近邻，与中国政治、外交关系密切，经贸往来十分频繁，中国与东盟的经贸合作意义重大。2010年中国–东盟自由贸易区启动，彼此的重要性以及经济上的互相影响更为凸显。广东地处南粤，与东盟各国或一衣带水，或山水相连，历史上商贸往来密切——下南洋曾经是广东人特有的“地理大发现”。随着广东经济增长模式转型和对外贸易方式转变，借自由贸易之利，全面强化、提升与东盟的经贸关系对广东未来经济发展至关重要。正是由于上述原因，东盟始终是广东国际战略研究院关注的重点。

近年广东国际战略研究院陆续推出了一系列有影响力的研究成果，或为政府战略决策提供依据，或为商界开拓市场提供参考。这套《东南亚社会文化与投资环境》系列丛书是研究院近期推出的又一力作。其主旨在于为政府及相关人员提供一套关于东盟政治、经济、文化的参考文献，供他们放在案头随时备查；特别是为有意投资东盟十国的商家、企业提供可靠的信息，作为走入东盟的路径指南；也为其他对东盟感兴趣的人士提供权威且全面的经典之作。

这套丛书分为十本，每本按国别独立成册。丛书各分册在体例编排上基本相同，主要内容虽各有侧重，但均以一国之经济为核心，涵盖以下几个方面：一、经济状况。描述该国经济发展、变革的历史过程，解读其经济体制的现状及未来趋势，汇总经济发展水平的各项指标，并对其经济发展进行简单评价。二、产业特点。介绍其资源禀赋的优劣势，归纳分析产业布局重点和特点，简要分析产业发展趋势以及与中国产业结构的异同。三、财政金融。介绍其财政、金融组织架构，分析财政、金融政策的特点，介绍融资市场规模及其影响力等，发掘与中国相关金融政策对接的可能性。四、商业机会。根据其资源特点和政策导向以及产业结构的现状，结合中国企业的对外投资优势，介绍潜在的投资领域和行业。除了上述内容之外，书中也概括地介绍该国的政治、文化、教育、风物以及外交情况，其中与中国的往来关系更是必备内容。书中附录收集该国的法律法规、政策指南以及政府、商业和企业信息，以备读者查阅。

我们力求使本丛书具备以下几个特点。一、求真。这是一套通识类读物，意在让读者一册在手，所需真实信息尽收眼底。二、求新。我们力求使用最新的资料，并向读者提供获得最新信息，或更新资料的渠道。三、求精。我们在编纂过程中通过精心安排结构，精心取舍材料和提炼观点，最大限度地让读者在获得通识的基础上取精用宏，满足他们更高层次的阅读要求。四、求实。我们在简洁的分析和解读的基础上，努力追求“工具化”的目标，通过覆盖面最广的资料和数据，使其具有工具书一样的功能。当然摆在读者面前的这套丛书距此理想仍有差距，希望读者多多批评指正。

这套丛书从筹划到正式出版历时近两年，该丛书的出版是许多人共同努力的结果。感谢中国出版集团、世界图书出版公司在本书出版过程中的支持和帮助；感谢北京大学、北京外国语大学、广东外语外贸大学各个语种的专家教授以及参与编撰的所有作者，正是他们的辛苦付出和鼎力支持成就了这套丛书。最后特别要感谢广东外语外贸大学非通用语种教学与研究中心主任林秀梅教授，她为丛书的出版做出了大量重要和无私的贡献。

2012年10月1日

前言

菲律宾位于亚洲东南部，是个群岛国家，全国由7,107个岛屿组成，是名副其实的“千岛之国”，这些岛屿像一颗颗闪烁的明珠，星罗棋布地镶嵌在西太平洋的万顷碧波之中，菲律宾也因此拥有“西太平洋明珠”的美誉。菲律宾是个热带海岛国家，每年就两个季节（夏季、雨季），独特的气候条件使她又被赋予“花园岛国”的美称。这里热带植物品种繁多，水果亦颇具异域特色，各种热带水果：菠萝蜜、凤梨、芒果、香蕉、椰子、番石榴等，让人眼花缭乱；而菲律宾的美景：长滩岛、宿雾岛、薄荷岛、各色教堂，更是让无数人流连忘返。

菲律宾群岛上最早的人类活动场所位于吕宋岛北部的卡加延河谷。公元10世纪以后，由于海上贸易的兴盛以及造船技术和航海技术的进步，在中国人、阿拉伯人和菲律宾人的努力探索下，开拓了菲律宾海上贸易的航线，增进了菲律宾同亚洲邻国的经济、文化联系。1565年黎牙实比远征来到宿务，并建立殖民点。在经历西班牙和美国的殖民统治之后，菲律宾在二战后获得独立。

独立后的菲律宾经济开始起飞，菲律宾的人均GDP一度列居亚洲第二，仅次于日本。大马尼拉市的高架捷运列车，也是亚洲最早开通的两条线路之一。但是，好景不长，政府的腐败与贪污，导致民心涣散，经济倒退。进入21世纪以后，菲律宾经济开始恢复和发展。越来越多的人前往菲律宾谋求投资和发展。

为了满足人们了解菲律宾、投资菲律宾的需求，本书从地理、历史、文化、政治以及经济等各方面分主题地介绍了菲律宾的基本概况，菲律宾的国家现状以及形成这种现状的原因；剖析了历史因素对菲律宾经济的形成产生的作用，以及在历史背景下菲律宾经济所面临的诸多问题；分析了菲律宾的投资现状并展示了在菲律宾投资应该注意的相关事项和法律流程；介绍了中菲交往的历史、现状以及近年来两国关系的走向和未来可能发展的趋势。希望能为赴菲律宾观光或投资者提供一些实用的知识。

参与本书的编写人员有许瀚艺、霍然、吴杰伟。因编写时间仓促，且水平有限，本书疏漏和欠当之处在所难免，敬候方家和广大读者不吝赐教。

编　者

2012年9月

目 Contents 录

第一章 国家概述 / 1

本章导读 2
第一节 地理气候 3
第二节 国家简史 5
第三节 民族与人口 11
第四节 行政区域 17
第五节 政治体制 19
第六节 “千岛之国”菲律宾的国家象征 26

第二章 经济概况 / 37

本章导读 38
第一节 自给自足的生活与早期的商品交换 39
第二节 殖民时期的经济 42
第三节 当代菲律宾经济 50

第三章 社会文化 / 65

本章导读 66
第一节 原始文化和早期文化 67
第二节 东方文化对菲律宾的影响 69
第三节 西班牙殖民之前的菲律宾本土文化 74
第四节 西方文化对菲律宾的影响 80
第五节 菲律宾的现代文化 85

第四章 政策法规 / 95

本章导读 96
第一节 菲律宾的法律体系概况 97
第二节 菲律宾的民事法律 99
第三节 菲律宾的经济贸易法律 100

目录 Contents

第四节　菲律宾的知识产权法律　109
第五节　菲律宾的劳动与社会保障法律　111
第六节　菲律宾资源开发的相关法律　113
第七节　菲律宾的刑法　115
第八节　菲律宾的法律援助　116

第五章 投资指南 /121
本章导读　122
第一节　菲律宾投资现状　123
第二节　投资指南　131

第六章 中菲关系 /173
本章导读　174
第一节　古代中菲交流史　175
第二节　殖民时期的中菲关系　178
第三节　现当代中菲关系　189

参考文献　196
附录一　菲律宾行政区划　199
附录二　中国菲律宾重要双边文件　211
附录三　菲律宾政府机构联系方式　215
附录四　菲律宾中资公司联系方式　219
附录五　菲律宾主要商会联系方式　225

第一章
国家概述

本章导读

☆“千岛之国”菲律宾属于季风型热带海洋性气候，地形地貌多样，民族、人口众多，物产丰富。16世纪，西班牙远征队登陆菲律宾群岛，打破了当地原始的生活秩序，开始了三百多年的殖民统治，同时开始了天主教在菲律宾的传播。20世纪初开始，美国也曾统治菲律宾长达近50年。菲律宾于1946年获得独立，实行行政、立法、司法机关分立的政治制度。

第一节　地理气候

菲律宾共和国（Republic of the Philippines）位于亚洲东南部，西濒南海，东临太平洋，其北端与中国台湾岛隔巴士海峡相望，西南与马来西亚、印度尼西亚隔苏禄海相望，南濒西里伯斯海。其海岸线长约1.85万公里，国土面积29.97万平方公里。

菲律宾是一个群岛国家，全国由7,107个岛屿组成，其中2,773个已有名称，其余的尚未命名，是名副其实的“千岛之国”。其中，最主要的岛屿由北向南依次为吕宋岛（Luzon）、比萨扬群岛（Visayas）、棉兰老岛（Mindanao）。

菲律宾位于赤道与北回归线之间，属于季风型热带海洋性气候，具体表现为高温、多雨、湿度大，全年分为旱季和雨季。旱季一般是每年的2月至5月，6月至翌年1月为雨季。全年平均气温27℃，最高温度在33℃~39℃之间，最低在16℃~20℃之间。由于受到季风和多种地形的影响，菲律宾不同岛屿的气候也有差别。比如在奎松省（Quezon）和萨马省（Samar），雨季从每年11月开始，次年1月结束；在吕宋岛的大部分地区，雨季则是6月至10月；巴拉望（Palawan）、马斯巴特（Masbate）、内格罗斯（Negros）、宿务（Cebu）、班乃（Panay）地区一年之内旱季雨季的时间各半；与此形成强烈对比的是，卡加延（Cagayan）、高山省（Mountain Province）、奎松省南部、宿务、棉兰老北部等地区热季极短；甚至还有一些地区全年多雨，旱季、雨季的区别不大。即使是在同一岛屿上，各区域也存在气候上的差异。海拔较高的地区，如碧瑶（Baguio）、大雅台（Tagaytay）、奎松省，气温较低；平原地区的气温普遍较高。

菲律宾处于台风经常光顾的区域。菲律宾大气地理和天文服务管理局（Philippine Atmospheric Geophysical and Astronomical Services Administration，简称PAGASA）的统计数据显示，平均每年有19次台风经过菲律宾。频繁遭受台风袭击的省份有巴丹（Bataan）、奎松、萨马、莱特（Leyte），因为这些地区面朝太平洋。总体说来，棉兰老岛不常遇到台风。近年来对菲律宾影响力、破坏力较大的台风有“榴莲”（2006年）、“利奇马”（2007年）、“风神”（2008年）、“芭玛”（2009年）和“鲇鱼”（2010年）。

菲律宾的地形地貌多样，有山地、平原、湖泊、海湾、瀑布、峡谷和火山等。其中，山地占全国总面积的3/4以上，大部分山地海拔在2,000米以上。棉兰老岛西部达沃市（Davao）的阿波火山（Bundok Apo），海拔3,142米，是菲律宾境内的最高峰。其他有名的山峰还有位于内湖省（Laguna）的玛琪琳山（Bundok Makiling）、奎松省的巴纳豪山（Bundok Banahaw）、邦板牙（Pampanga）的阿拉亚特山（Bundok Arayat）和位于民都洛（Mindoro）的哈尔空山（Bundok Halcon）。山地容易形成峡谷，位于菲律宾最北部的卡加延河谷（Lambak ng Cagayan）是菲律宾最长、最宽的峡谷。平原主要分布在吕宋岛和棉兰老岛。吕宋岛的中央平原是菲律宾面积最大的平原，也是著名的粮仓；吕宋岛北部的卡加延平原，面积约5,000平方公里，是亚洲最大的烟叶产区。

多火山也是菲律宾地形的一大特色。菲律宾共有50多座火山，其中活火山有10余座。吕宋岛东南部的马荣火山（Bulkang Mayon），海拔2,416米，是菲律宾最大的活火山；吕宋岛西南部的塔尔火山（Bulkang Taal）是世界上规模最小、海拔最低的活火山；菲律宾最高峰阿波火山则是一座休眠火山；位于三描礼士（Zambales）的皮纳图博火山（Bulkang Pinatubo）沉睡了600年后曾于1992年爆发，造成了巨大的破坏，震惊全国。

菲律宾河湖密布，流经菲律宾总统府马拉卡南宫门前的巴石河（Ilog ng Pasig）和位于班诗兰（Pangasinan）的阿格诺河（Ilog ng Agno）是菲律宾两大主要河流。棉兰老岛最大的河流是位于哥打巴托（Cotabato）的里奥格兰河（Ilog ng Rio Grande）。位于马尼拉东南方向的内湖（Lawa ng Laguna）的中央是一座火山，即塔尔火山，火山口的里面还有一个小湖，湖中央还嵌套着一个小火山，独特的地形也使塔尔火山成了菲律宾的一处旅游胜地。

菲律宾瀑布众多，游客常常光临位于内湖省的百胜滩瀑布（Talon ng Pagsanjan）。全国最大的瀑布是位于北拉瑙省（Lanao Del Norte）的玛利亚克丽丝瀑布（Talon ng Maria Cristina）。

菲律宾较有名的海湾有马尼拉湾（Look ng Maynila）、八打雁湾（Look ng Batangas）、苏比克湾（Look ng Subic）。其中，苏比克湾曾经是美国海军驻军基地。

第二节　国家简史

菲律宾原始社会大约从40万年前开始。菲律宾群岛上最早的人类活动场所位于吕宋岛北部的卡加延河谷。在巴拉望岛的塔崩洞曾经发掘出旧石器时代晚期的人类头盖骨，考古发现证实在2.4万～2.2万年之前，菲律宾早期人类在巴拉望岛过着共同采集的群居生活。公元10世纪以前，菲律宾群岛所处的地理位置远离海上贸易的主航道，因而同外界的交往不多，这一地区的社会发展比东南亚其他地区缓慢，在西班牙殖民者入侵之前，还未能形成一个基本统一的国家。

公元10世纪以后，由于海上贸易的兴盛以及造船技术和航海技术的进步，在中国人、阿拉伯人和菲律宾人的努力探索下，开拓了菲律宾海上贸易的航线，增进了菲律宾同亚洲邻国的经济、文化联系。菲律宾社会也因此经历了重大变化，原始社会开始瓦解，向阶级社会过渡。由于菲律宾各个岛屿地理条件不同，社会发展不平衡。某些内陆地区仍然处于原始社会阶段；在南部苏禄群岛和棉兰老岛，阶级社会已经确立；在吕宋岛和比萨扬岛的平原地区产生了巴朗盖（barangay，他加禄语，相当于“村”或“社”）社会。一个巴朗盖由集中居住的十几户家庭组成，人们住在公共的“长屋”（Long House）里，共同劳作、生活。住在沿海地区的人们以捕捞海产品为生，而居住在岛屿中部的人们则过着流动性的刀耕火种的生活。

1521年3月，供职于西班牙政府的葡萄牙航海家麦哲伦（Ferdinand Magellan）经过海上航行登陆菲律宾群岛，当时正值基督教圣徒“拉萨罗”的节日，麦哲伦便把这一地区命名为“圣拉萨罗群岛”。1543年2月，以维拉罗伯斯（Ruy Lopez de Villalobos）为首的西班牙探险队到达菲律宾，他们把当地岛屿（现在的莱特岛、萨马岛）以当时西班牙太子菲利浦亲王的名字命名为“菲律宾那”（Felipinas），这个名称后来成为菲律宾群岛的总称。

1556年西班牙国王菲利浦二世继位。在这位热衷于海外扩张的国王的支持下，一支新的远征队成立了，黎牙实比（Miguel López de Legazpi）担任总指挥，奥古斯丁会的传教士乌达内塔（Fray Andrés de Urdaneta）神父随军出发。1565年3月黎牙实比远征队靠近萨马岛，随后沿东海岸南下，到达保和岛（Bohol）。由于保和岛上没有远征队梦寐以求的金子和香料，远征队于4月来到宿务，并建立殖民点。之后西班牙人摸索出返回墨西哥的航线，借助这条往返于菲律宾与墨西哥之间的航线，开展了长达250年、往返于马尼拉和阿卡普尔科（墨西哥）的大帆船贸易。1569年，黎牙实比在班乃岛建立第二个殖民点，之后在比萨扬群岛建立了一系列的殖民据点。随着拓殖野心不断膨胀，1571年5月19日黎牙实比占领马尼拉。马尼拉自然条件良好，土地肥沃适于耕作，其地理位置也十分优越，是个天然良港。于是黎牙实比正式宣布西班牙对当地的殖民统治权，随即开始在马尼拉修筑工事与城堡。

以黎牙实比为首的西班牙殖民者在逐步占领菲律宾的过程中，遇到了当地岛民的强烈抵抗。然而当地人的自制竹矛终究抵不过西班牙的坚船利炮。当然，西班牙人深谙殖民征服的种种手段，除了武力配合，也会适当使用欺骗、利诱等软硬兼施的手段以求达到目的。

在乌达内塔神父带领下的随军传教士们通过学习当地语言、拉拢当地首领等方式向岛民传播天主教。西班牙人到来之前，菲律宾当地人信仰原始宗教，以万物有灵（animism）为核心。西班牙殖民统治初步稳定后，天主教各修会陆续来到菲律宾。方济各会、多明我会、耶稣会、奥古斯丁会分别派传教士到菲律宾，西班牙国王菲利浦二世给各个修会划定了各自的传教范围。罗马天主教思想在菲律宾得到慢慢渗透，在巩固西班牙殖民统治的过程中，十字架所起的作用比战刀更大。菲律宾学者格雷戈里奥·赛义德（Gregorio F. Zaide）认为："假使传教士的宗教热忱没有支持他们的努力，没有帮他们巩固其事

①格雷戈里奥·赛义德：《菲律宾共和国：历史、政府与文明》，北京. 商务印书馆，1979年，第149页。

业，那么黎牙实比及其豪杰们为了战胜岛上土人而使出来的勇气与坚贞只有很少用处。传教士是真正的征服者。”[①]天主教的传播止步于棉兰老岛，菲律宾南部棉兰老岛大部分地区的居民在西班牙人到来之前便已皈依伊斯兰教。

西班牙在菲律宾的统治特点是政教合一。除了全面传播天主教，西班牙殖民者在菲律宾建立起一套自上而下的殖民体系。菲律宾总督是西班牙统治菲律宾的最高行政长官。自第一任总督黎牙实比开始，西班牙在菲律宾殖民统治的333年期间，共有109位总督。三百多年西班牙的统治还带给菲律宾许多西方的文化、教育体制和经济技术。时至今日，菲律宾的很多街道名都是沿用西班牙语，菲律宾很多孩子都拥有教父教母，许多人会说流利的西班牙语，西班牙音乐、诗歌、戏剧、文学也相继进入菲律宾。当然，殖民统治的消极方面也不可忽视。西班牙统治者严格区分西班牙人与当地人，对菲律宾人强征重税，非法调发劳役，尤其到了后期，从管理层到下级地方政府都腐朽不堪，买官鬻爵甚至成为公开的交易。

针对西班牙腐朽的殖民统治，菲律宾人民进行了前赴后继的斗争。19世纪，随着菲律宾资产阶级的形成，民族意识开始形成和发展。伊罗戈（Ilocos）、保和、宿务，甚至殖民统治中心地区马尼拉相继发生暴动。1872年甲米地（Cavite）起义遭到殖民当局镇压和迫害，皮拉尔（Marcelo Hilario del Pilar）将军联合了一批在西班牙接受高等教育的、忧心国家前途命运的菲律宾人，于1880—1895年发动了一场名为“宣传运动”（Propaganda Movement）的改良运动。“宣传运动”的成员在西班牙较自由的报刊上发表文章，抨击殖民统治，借一些历史事件举行庆视会，宣扬民族主义思想，并写文著书，阐述改革的必要性和改革的纲领，重点在于希望西班牙接纳菲律宾作为西班牙一个正式省份，赋予菲律宾人一切平等、自由的权利。宣传运动还诞生了菲律宾历史上的英雄人物——何塞·黎萨（Jose P. Rizal）。由于在西班牙宣传民族主义思想缺乏群众基础，黎萨于1892年回到菲律宾建立“菲律宾联盟”，后遭到西班牙殖民者抓捕和流放，最终于1896年12月30日在马尼拉被殖民者杀害，年仅35岁。他的两部小说《不许犯我》（*Noli Me Tangere*）、《起义者》（*El Filibusterismo*）激励了一代又一代菲律宾人。宣传运动的失败表明和平途径无法成功，于是一个秘密革命组织——卡蒂普南（Kataas-taasan Kagalang-galangang Katipunan ng mga Anak ng Bayan，译为民族儿女最尊贵协会，缩写为KKK）在马尼拉诞生了。安德列斯·博尼法西奥（Andres Bonifacio）领导的卡蒂普南会员以推翻西班牙殖民统治，使菲律宾获得独立为目标，创办了《自由报》。然而随着意见不一卡蒂普南内部发生了分裂，博尼法西奥被政治对手埃米利奥·阿吉纳尔多（Emilio Aguinaldo）杀害。阿吉纳尔多继续领导革命军抵抗西班牙军队的进攻。1897年11月，革命军在位于布拉干的破石洞（Biak na Bato）[①]，成立了菲律宾共和国，又称破石洞共和国，阿吉纳尔多任总统。然而好景不长，在西班牙人的武力胁迫下，阿吉纳尔多被迫“自我流放”到香港，破石洞共和国昙花一现，随即消亡。

正当菲律宾国内酝酿新一轮反西起义的时候，美西战争爆发，美国谋划夺取菲律宾，与阿吉纳尔多进行多次会谈。1898年6月12日，阿吉纳尔多在甲米地的卡维特（Kawit）发表独立宣言，宣布菲律宾从西班牙统治下解放出来。1899年1月23日，

①破石洞位于布拉干省的圣米格尔市，山地地形复杂，有很多天然形成的洞穴、岩石、地下河。阿吉纳尔多及卡蒂普南运动者曾将这里的山区作为根据地。1937年奎松总统宣布在此建立起破石洞国家公园。

菲律宾第一共和国正式成立，阿吉纳尔多当选总统。美国利用军事上的优势攻取马尼拉，并在同年2月挑起与菲律宾的战端。菲军勉强抵抗，曾经五次迁都。美国先后派遣“舒尔曼委员会”（第一届菲律宾委员会）和“塔夫脱委员会”（第二届菲律宾委员会）宣传美国对菲律宾的所有权，许诺将给予菲律宾自治，引起部分菲律宾资产阶级的动摇。终于，阿吉纳尔多于1901年4月19日发表宣言，规劝菲律宾人民接受美国统治。美国在菲律宾的殖民制度正式建立。

美国的统治为菲律宾带来了现代科技、消费观念和流行文化。最重要的是，美国在菲律宾大力普及英语教育，在全国各地兴办学校，推广英文授课，与此同时美国价值观念得到广泛的传播。菲律宾大多数人都会用英语交流，在正式场合英语更成为了社交用语。

菲律宾人民对自由的追求从未停止。菲律宾国民党和其他一些民族主义政党不断组织使团要求独立，20世纪30年代，国际形势风云变幻，亚洲处在民族解放的烽火之中。1932年12月17日，美国国会通过《菲律宾独立法案》，规定在10年过渡期后给予菲律宾独立。太平洋战争时期日本曾短暂占领过菲律宾，在抵抗日本侵略的过程中，华侨华人也积极参与，组成华侨抗日游击队“华支”。1935年9月菲律宾获得自治，并最终于1946年7月4日获得独立。

独立后的菲律宾以全新的姿态面对世界，在国际事务中扮演越来越重要的角色。麦格赛赛总统、加西亚总统推行“菲人第一”政策，在各行各业为菲律宾人保障应有的权益。20世纪60年代菲律宾开始了工业化进程，一度成为东南亚国家的“领头雁”，人均国内生产总值曾经位居亚洲第二，仅次于日本。1967年8月，菲律宾、印度尼西亚、泰国、新加坡四国的外交部长和马来西亚副总理在曼谷举行会议，发表《曼谷宣言》，宣告成立“东南亚国家联盟”（简称“东盟”），东盟至今仍发挥着平衡大国关系、促进区域合作的重要作用。

1969年马科斯总统成功连任后，社会并不安宁。菲律宾共产党与新人民军在吕宋等地频繁活动，政府军与南部穆斯林武装发生冲突，首都马尼拉的工人发动了一系列罢工斗争，针对美军基地是否拆除、私立学校收费是否过高等等问题向政府提出改革的要求。1972年9月马科斯总统宣布全国处于紧急状态，实行军事管制，解散国民议会，禁止罢工、集会和示威游行。军事管制历时8年4个月，“军管”后期，马科斯夫妇及亲友进一步囊括实权，经济形势进一步恶化，贫富差距不断扩大。菲律宾人团结起来发动“第一次人民力量运动”（People Power Revolution）推翻了马科斯独裁政权，拥护阿基诺夫人当选总统。2000年，时任总统的埃斯特拉达及其亲友被批经营非法赌博牟利，菲律宾群众上街游行集会，通过“第二次人民力量运动”促使埃斯特拉达下台，由阿罗约继任，菲律宾的人民民主力量再次得到彰显。

菲律宾现任总统贝尼格诺·阿基诺三世（Benigno Aquino III）于2010年6月上任，自由党是当下菲律宾的执政党。阿基诺三世的母亲是已故总统阿基诺夫人，其父是被刺杀的前菲律宾自由党领导人、参议员贝尼尼奥·阿基诺。

第三节　民族与人口

菲律宾是一个多民族的国家，共有90多个民族，他加禄族（Tagalog）、比萨扬族（Visayan）、比科尔族（Bicol）、邦板牙族（Pampanga）、伊罗戈族（Ilocano）等是菲律宾的主要民族。据世界银行2009年的数据，菲律宾的人口是9,198万，平均预期寿命72岁，识字率94%，人口贫困率25%。[①]

菲律宾群岛的各民族自古以来就存在着社会经济发展不平衡的现象。早在西班牙人统治菲律宾之前，处于社会经济发展不同水平的各民族之间就出现了经济文化上的巨大差异。平原地区的民族发展了畜力耕作、以水稻为主要粮食作物的农业；山地民族则用刀耕火种的方式耕种各种块茎作物，同时也形成了狩猎传统；沿海地区的民族则倾向于从事海产捕捞。

菲律宾的各个民族在语言、宗教信仰、生活方式等方面存在巨大的差异，考虑到其居住环境、人口数量和分布状况，学术界通常把菲律宾的民族分成两类：平原民族（Low Landers）和山地民族（High Landers）。

一、平原民族（Low Landers）

菲律宾的平原民族主要居住在菲律宾的河谷和沿海平原，他们在经济、政治和社会生活方面占有主导地位，在西方文化以殖民方式对菲律宾产生冲击的过程中，他们最先接受了以天主教为主要表现形式的西方文化影响。平原民族在数量上占全国总人口的90%。平原民族主要包括以下几个民族：

（一）比萨扬族

比萨扬族是菲律宾人口最多的民族，其分布也十分广泛，主要集中在比萨扬群岛南部（包括内格罗斯、宿务、保和、莱特等岛屿）和棉兰老岛，特别是棉兰老岛的北部。通用比萨扬语。大多数人信仰天主教。

①数据来源于世界银行发布的世界发展指标。详见http：//www.data.worldbank.org/country/philippines，查询日期：2010年11月14日。

（二）他加禄族

他加禄人是菲律宾的第二大民族，人口约占菲律宾总人口的28%，大多信仰天主教。Tagalog一词由taga（“来自……地方的人”）和ilog（“河”）两个词合成，在他加禄语里的意思是“住在河边的人”或“来自河边的人”。他们主要分布在吕宋岛中部和南部、巴拉望群岛，部分居住在民都洛岛、马斯巴特岛和马林杜克岛（Marinduque）。另有少数分布在棉兰老岛的南部。他加禄人通用的他加禄语，属南岛语系印度尼西亚语族。他加禄语1962年被定为国语，用拉丁字母书写文字。

（三）伊洛戈族

伊洛戈族主要分布在吕宋岛中北部，尤其是高山省。在巴拉望群岛、棉兰老岛南部、苏禄群岛也有分布。通用伊罗戈语。

二、山地民族（High Landers）

菲律宾的山地民族数量同样很多，但是居住更为分散，主要分布在北部山区、中部巴拉望群岛、南部棉兰老岛等偏僻的山区与海岛，占菲律宾人口的极小部分。山地民族的社会经济发展水平普遍比平原民族低。大多数山地民族仍保有原始的万物有灵信仰。自20世纪50至70年代开始，山地民族开始通过外出工作、接受教育等形式融入现代社会，加速了旧的氏族社会关系解体的进程。山地民族主要有如下代表：

（一）伊富高族（Ifugao）

伊富高族主要分布在吕宋岛北部的科迪勒拉山脉及周边地区。主要从事灌溉农业，种植水稻、玉米、薯类，饲养猪、鸡、牛、羊等牲畜，有制陶、酿酒、编织、雕刻等手工业形式。伊富高人还以修筑梯田而闻名，其巴纳威（Banaue）梯田有2,000年的历史。

（二）班多克族（Bontok/Bontoc）

Bontoc一词来源于当地语言中的bun（圆形堆）和tuk（顶部），意思是山。班多克族分布在菲律宾北部山区，如高山省。班多克人有本民族所信仰的神灵，对生老病死、农业活动有举行庆祝活动的传统。有猎头、文身的传统。

（三）亚坎族（Yakan）

亚坎族主要分布在位于菲律宾南部的巴斯兰岛（Basilan），也分布在苏禄群岛的其他岛屿，多数信仰伊斯兰教，与菲律宾其他民族相比，亚坎族鼻梁高、身材较高大。穿手工编织的衣服，女子将布裹在腰间作为裙子，男子将布围在腰间，用于放置长刀等武器。

（四）马拉瑙族（Maranao）

马拉瑙族主要分布在棉兰老岛西北部的拉瑙湖周边地区，在当地语言中，maranao（或拼写为maranaw）的意思是“住在拉瑙湖边的人”。马拉瑙人多数信仰伊斯兰教。马拉瑙人以手工制作、手工编织、史诗文学而出名。马拉瑙传说中的神鸟“沙利玛诺”（Sarimanok）经常被描绘成一只拥有彩色翅膀、长尾、口中衔鱼的大鸟，是马拉瑙艺术的象征。马拉瑙人还擅长使用民族铜锣乐器“库林唐”（Kulintang）、弦乐器“碧约拉”（Biyula）演奏。

（五）巴格伯族（Bagobo）

巴格伯族主要分布在棉兰老岛南部达沃地区。19世纪西班牙人刚到菲律宾的时候，所接触的就是巴格伯人。巴格伯人很早就会制作、使用金属器具，也用麻、纤维、动物毛发编织衣料。

（六）苏巴农族（Subanon）

苏巴农族主要分布在棉兰老岛西北部三宝颜（Zamboanga）

地区，说苏巴农语。苏巴农人种植水稻，饲养猪、鸡、水牛等家畜，住用茅草铺盖屋顶的高脚屋。苏巴农人认同男女是平等的，认为每个人都应该结婚。相信原始神灵，但是近代多被同化为天主教徒或穆斯林。

需要注意的是，菲律宾南部穆斯林又被称为摩洛人（Moro）。“摩洛”本身并不是一个民族，而是包括多个民族——马京达瑙族（Maguindanao）、马拉瑙族、陶苏族（Tausug）、沙马族（Samal）、帮内内族（Banguingui）、桑尼尔族（Sangil）、巴交族（Bajau）、依拉农族（Illanun）、亚坎族、卡拉干族（Kalagan）、巴拉瓦尼摩波族（Palawani Molbog）。“摩洛”（Moro）最初是西班牙殖民者对菲律宾南部穆斯林的称呼，意思是信奉伊斯兰教的摩尔人（Moors）。摩洛人主要分布在菲律宾南部棉兰老岛的西部和西南部，在菲律宾社会并不是主流人群，在处于主导地位的天主教文化中，他们处于相对边缘的位置。在主流文化的冲击下，过去的半个世纪中，有一些摩洛人离开菲律宾，前往马来西亚、印度尼西亚定居。

三、华人在菲律宾

华人自公元7世纪开始移居菲律宾，主要来自中国的福建、广东地区。中国南方沿海居民利用季风来到菲律宾，用以货易货的方式与当地居民交换产品，输出中国的金属器具、陶瓷、布匹、纺织品等，换回菲律宾群岛的珍珠、贝壳、玳瑁等特产。有时当年不回，等到来年再回到中国。久而久之，中国商人定居菲律宾的现象越来越多，华人与当地人通婚现象也越来越多，华人慢慢融入当地生活，在菲律宾扎根下来。

中菲两国人民自古以来的友好交往是以华侨移民为媒介

而不断发展的。几百年来华人在菲律宾的经济发展史上，一直扮演着重要的角色，尤其是在引进国外的技术与生产设备，开创初期的农耕与手工业等方面。通过华人，中国的牛耕、冶炼、制陶、采矿、酿酒、制糖等生产技术和铁犁、水车、水磨等生产工具得以传到菲律宾。以制糖为例，季羡林先生在《糖史》中考证了中国古籍中关于菲律宾吕宋岛、比萨扬群岛、苏禄群岛制糖状况的记述后，认为“种蔗产糖，多与华人有关”[①]。

华人自从移居菲律宾至今，大多从事商业活动。西班牙统治时期以殖民宗主国的优势地位对华人征以苛捐杂税，征召华人做徭役苦力。甚至于1603年、1629年、1662年、1762年制造了屠杀华侨的悲惨事件，一度禁止华人移民。然而华人的经济生活、社会行为、文化形态已经深深融入菲律宾社会，华人的数量一直处在缓慢上升的趋势。到了美国统治时期，美国移民法在菲实施，规定华侨来菲，不分男女老幼，持有入境证即可进入。加上20世纪初清廷腐败，沿海居民大量前往菲律宾，此时的新侨大多以旧侨子女、亲友的身份来菲。

华人在菲律宾经济生活中的地位很高，华人多数是商人、手工业者、业主、实业家。华人在菲律宾保留了本民族语言、风俗习惯和宗教信仰，出版华文报刊，兴办华文学校，庆祝传统节日。中华人民共和国与菲律宾建交以来，两国在经贸、文化、科技和旅游等领域的友好合作关系不断发展，民间往来日益增多。1987年2月2日公民投票通过，2月11日由阿基诺总统宣布生效的《菲律宾共和国宪法》承认华人的现有菲律宾国籍，允许未入籍者申请加入。

---

①季羡林：《季羡林文集》第十卷《糖史（二）》，南昌：江西教育出版社，1998年，第283页。

近年来，大量中国台湾、香港及东南亚的华商带着资金来菲律宾投资发展，华人再度扮演经济先锋的角色。当地华人创办的企业多能顺应潮流，掌握经济脉动，发展制造业、房地产业、金融业，以及通过收购企业、证券市场操作、结成大集团等方式扩大对菲律宾经济的影响力与贡献。此外，华商还进行综合性投资，企业涵盖面极广。据统计全菲500家最大公司中，华商约占1/3，并在纺织及成衣、漂染、钢铁、五金、制糖、塑料、百货、建筑材料、木材加工及金融等行业占优势。

第四节 行政区域

行政区划是国家为便于行政管理而分级划分的区域，亦称行政区域。菲律宾的行政区域划分如下：

1. 行政区
2. 省、独立城市
3. 自治区、附属市
4. 巴朗盖[①]

根据地理、文化、民族特征上的不同，菲律宾被分成了17个行政区域，从北向南依次编为1区、2区、3区、4A区、4B区、5区、6区、7区、8区、9区、10区、11区、12区、13区共14个区，另外还有三个无编号的区域：国家首都区（菲律宾中北部）、科迪勒拉行政区（菲律宾北部）、棉兰老穆斯林自治区（菲律宾南部）。

国家首都区（National Capital Region）源于菲律宾总统费

①巴朗盖（Barangay）是菲律宾最低一级的行政单位。

迪南德·马科斯1976年颁布的940号总统令，规定“菲律宾的首都是马尼拉，大马尼拉区是国家政府的永久所在地”。大马尼拉区（Metro Manila）是第824号总统令所规定的，整合了马尼拉及其周边地区共4个市和13个区，以扩大马尼拉作为经济中心的优势，将大马尼拉区建设成高度繁荣的大都会。大马尼拉区所包含的4个市指：马尼拉（Manila City）、奎松（Quezon City）、巴萨伊（Pasay City）、卡洛奥坎（Caloocan City），13个区包括：马卡迪（Makati）、曼达卢永（Mandaluyong）、圣胡安（San Juan）、拉斯皮尼亚斯（Las Piñas）、马拉翁（Malabon）、纳沃塔斯（Navotas）、巴石（Pasig）、帕特罗（Pateros）、帕拉尼亚克（Parañaque）、马里基纳（Marikina）、蒙廷卢帕（Muntinlupa）、位于黎萨（Rizal）省的塔贵格（Taguig）、位于布拉干（Bulacan）省的瓦伦苏拉（Valenzuela）。

科迪勒拉行政区（Cordillera Administrative Region）是位于菲律宾北部的一块内陆区域。由以下省份组成：阿布拉（Abra）、阿巴尧（Apayao）、本格特（Benguet）、伊富高、卡林阿（Kalinga）、高山省以及碧瑶市（Baguio City）。其中碧瑶不仅是菲律宾著名的避暑胜地，也是整个科迪勒拉行政区的中心城市。科迪勒拉行政区包括了位于吕宋岛中部的科迪勒拉中央山脉的大部分区域，该行政区内的居民包括了许多山地部族，统称为伊戈罗特人（Igorot）。

棉兰老穆斯林自治区（Autonomous Region in Muslim Mindanao，缩写为ARMM）位于菲律宾南部棉兰老岛，全部由信仰伊斯兰教的省份组成，即巴斯兰（Basilan，伊莎贝拉城除外）、南拉瑙（Lanao del Sur）、马京达瑙（Maguindanao）、苏禄（Sulu）、塔威塔威（Tawi-Tawi）、马拉维伊斯兰城

（Marawi）。这是全国唯一一块拥有自己政府的区域。中心城市是哥打巴托（Cotabato City）。

菲律宾的省级行政单位共有80个，“省长”（Governor）是其行政长官；自治区、市级行政单位共有1,514个，“市长”（Mayor）是其行政长官。最低一级行政单位“巴朗盖”有4万多个，每个巴朗盖拥有自己的首领。

第五节 政治体制

一、三权分立的政治制度

菲律宾现行宪法于1987年2月2日通过，2月11日正式生效。宪法规定：实行行政、立法、司法三权分立的政体。实行总统内阁制，总统是国家元首、政府首脑兼武装部队总司令。拥有行政权，由选民直接选举产生，任期六年，不得连任，总统无权实施戒严法，无权解散国会，不得任意拘捕反对派；禁止军人干预政治；保障人权，取缔个人独裁统治；进行土地改革。议会称国会，是最高的立法机构，由参、众两院组成。司法权属最高法院和各级法院（见下页图）。

二、立法机关

菲律宾的立法权属于菲律宾国会。国会实行两院制，由参议院和众议院组成。

参议院由24名参议员组成。凡是在选举日年满35周岁的有读写能力的菲律宾公民，并且到选举的前一天为止在菲律宾居住不少于两年的经正式登记的合格选民，均有资格当选参议员。参议员的任期为六年，连任不能超过两届。

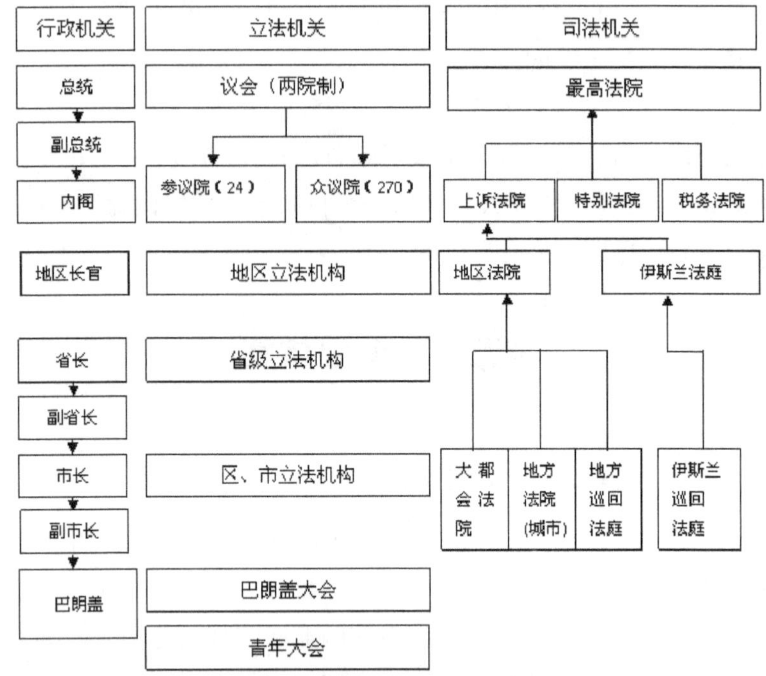

图1-1 菲律宾政府机构图

译自英文图片，原图来自http：//commons.wikimedia.org/wiki/File：Philippine_government.png，查询日期：2010年11月5日。

众议院的议员不超过270名。其候选人必须是选举日年满25周岁的有读写能力的菲律宾公民，或到选举的前一天为止在菲律宾居住不少于一年的经正式登记的合格选民。众议员其中一部分由各省、市按人口比例划分的选区选出——每个人口在25万以上的城市或省份应当至少拥有1名众议员；另一部分众议员由正式登记的全国性、地方性、社会各界的政党和组织按政党名单代表选出，这部分占议员总数的20%。众议员任期三年，连任不能超过三届。

参议院和众议院拥有各自的选举法庭，负责裁决各自议员的选举、计票和资格的一切争议。每个选举法庭由9名成员组成，其中3名由最高法院首席法官担任，其余6名为参议院和众议院的议员。

菲律宾宪法规定："立法权属于菲律宾国会。"国会立法分为三个阶段：议院审议阶段、总统签署阶段、法案复议阶段。

三、行政机关

菲律宾实行总统制，总统是国家元首、政府首脑兼武装部队总司令，政府中的部长、阁员等都是总统的下属，均由总统按法定程序任免，向总统负责，政府成员（包括总统）不能兼任议会议员，议会议员也不能兼任政府成员。

菲律宾宪法规定，总统和副总统都由选民直接选举产生。选民直接投票的结果经鉴定后被递交到国会，由参议院议长亲自接受。国会当即计算选票，得票最多者当选总统，如果出现两个或两个以上的人得票最多且票数相等，将由国会的所有议员投票选出。当选总统和副总统的基本条件有：选举当天年满四十周岁，天然的菲律宾公民，选举前在菲律宾居住至少十年的有读写能力的已登记的投票人。总统和副总统的定期选举安排在选举年的6月的第二个星期一，就职日期定在选举后的6月30日正午。总统任期为6年，不能连任，副总统可以连任，但不能超过两届。

四、司法机关

菲律宾现行宪法规定，菲律宾的司法权属于最高法院和依法设立的地方各级法院。

最高法院是菲律宾最高司法机构，由1名首席大法官和14名陪审法官组成，均由总统任命。他们必须是菲律宾本国公民，年满40岁，曾任下级法院法官或在菲律宾执行律师业务15年以上的人员。

“司法委员会”由最高法院监督创建，由1名首席大法官作为执行主席，司法部长和1名国会议员作为委员，还包括1名律师协会会员，1名法学教授，1名最高法院退休法官和1名私营部门的代表。委员会的职责是推荐法官的任命候选人，并行使最高法院指派的其他职能和职责。

五、主要政党

菲律宾有大小政党100余个，多数为地方性小党派。其主要政党有：

（1）自由党（Liberal Party）：随着阿基诺三世成功当选总统，自由党成为现今菲律宾的执政党。其创始人是曾经担任过总统的罗哈斯·季里诺，以及曾任参议员议长的何塞·阿韦利诺。自由党于1945年11月24日从国民党（Nacionalista Party）中分离出来。它是菲律宾第二大历史悠久的政党。

（2）基督教穆斯林民主力量党（Lakas Kampi）：菲律宾最大的政党，系前总统拉莫斯于1991年底创立，由人民力量党、全国基督教民主联盟、菲律宾穆斯林民主联盟、团结党等整合而成，在政治上是比较温和的中间派。主张实行两党制，通过修宪扩大地方政府权力，改革选举制度，将总统任期六年一届修改为四年一届，可连任两届；主张通过谈判实现民族和解，促进社会稳定。经济上重视农业发展，增加就业，扶助贫困，加快私有化进程；倡导经济外交，奉行开放政策。该党在菲律宾的地位举足轻重，曾经推举党内的拉莫斯、阿罗约当上总统。

（3）国民党（Nacionalista Party）：菲律宾历史最悠久的

政党，于1907年成立，一直致力于引导菲律宾大众为建立现代国家作出贡献。曾任总统的劳雷尔自20世纪50年代开始领导该党。菲律宾的自由党、国民联盟都是从国民党分离出来的。曾任总统的奎松、奥斯敏那、麦格赛赛、加西亚、马科斯当政时期，国民党都是执政党。

（4）国民联盟（Nationalist People's Coalition）：国民联盟1991年成立，是前总统埃斯特拉达的执政党联盟——民众奋斗党（LAMP）成员之一。2000年10月，时任总统的埃斯特拉达被弹劾后，该党成为独立党派。该党支持修改宪法。为防止总统权力过大，主张实行议会制政体及两党制，支持加快国有企业私有化。

（5）菲律宾人民大众力量党（Pwersa ng Masang Pilipino）：前总统埃斯特拉达所领导的政党，重视通过社会改革、经济改革来提高菲律宾人民的生活质量，尤其是贫困人口的生活质量。

菲律宾南部棉兰老岛的情况与全国其他地方不同，棉兰老穆斯林自治区拥有自己的政府。摩洛民族解放阵线（Moro National Liberation Front，简称"摩解"）目前是棉兰老穆斯林自治区的执政党。摩解于1968年创立，旨在合并苏禄地区、棉兰老地区、巴拉望岛建立独立的伊斯兰国家，脱离菲律宾。1987年南部各省举行公民投票，建立由棉兰老岛四省组成的棉兰老穆斯林自治区，努尔·密苏阿里（Nur Misuari）任主席。1996年，政府与摩解达成和平协议。2001年，密苏阿里与阿罗约政府发生利益冲突，其支持者于11月在霍洛岛发动武装叛乱。政府迅速平叛，宣布密苏阿里犯有叛乱罪。摩解另一派系的领导人胡安任该党主席。密苏阿里潜逃至马来西亚沙巴地区，被马来西亚政府逮捕并于2002年1月引渡回菲。2007年2

月，阿罗约总统下令执行与摩解的和平协议条款，希望通过和平、发展、多种信仰对话及国际合作实现与摩解的最终和解，解决菲律宾南部冲突。

摩洛伊斯兰解放阵线（Moro Islamic Liberation Front，简称“摩伊”）是菲律宾最大的穆斯林反政府组织。现有武装力量12,500人，主要活跃在棉兰老岛。1978年，以哈希姆·萨拉马（Hashim Salamat）为首的强硬派从摩解脱离后建立。2003年萨拉马去世后，穆拉特（Al Haj Ebrahim Murad）任主席。主张建立独立的伊斯兰国家，坚持武装斗争。摩伊与政府虽多次签署停火协议，但均未能得到有效执行。2000年4月摩伊与政府冲突升级为“全面战争”，摩伊的营地被政府军全部攻占，其武装力量溃散后，继续以小股武装袭击政府军和民用设施。自2001年开始，阿罗约政府与摩伊重开和谈，并曾签署停火协议与和平协议，但双方武装冲突仍时有发生。2003年，南部地区发生多起恐怖爆炸案件，政府认为是摩伊所为，宣布通缉其主要领导人，威胁要将摩伊列为恐怖组织。此后，在马来西亚协调下，双方进行多轮谈判，取得了一定进展，但冲突仍时断时续。

六、对外政策

菲律宾奉行独立的外交政策，在平衡、平等、互利、互敬的基础上发展同所有国家的政治、经济关系。其对外政策的三大目标是：加强国家安全，促进经济发展，保护海外菲律宾人。它重视同美国、中国和日本等大国的关系，积极推动东盟内部合作，发展同伊斯兰国家的友好关系。大力推行“经济外交”，积极参与国际和地区事务。

第二次世界大战后，菲律宾的外交政策经历了“亲美”外交，“平衡”外交以及目前的“经济”外交三个阶段。[①]作为美国长达50年的殖民地，在菲律宾刚刚独立的初期，其政治、经济等各个领域仍然没有摆脱美国的控制。在外交上更是表现出强烈的“亲美”倾向。1951年8月30日菲律宾与美国在华盛顿签订了《菲美共同防御条约》，规定将以自助和互助的方式，保持和发展它们抵抗外来武装进攻的能力，对任何一方的武装进攻将危及它自己的和平与安全，并将依照它的宪法程序采取行动以对付共同的危险。根据条约的精神，两国于1958年5月15日正式组成“共同防务委员会”作为两国直接联络和磋商的机构。美国是菲律宾最重要的经济、军事盟友。

20世纪60年代至80年代，菲律宾国内民族主义情绪高涨，迫使菲律宾政府调整过分“亲美”的方针，转向侧重于区域交流合作、平衡大国关系的外交政策。菲律宾是东盟成立的发起国之一，自东盟1967年8月成立以来，菲律宾一直是其中活跃和坚定的一员。曾任菲律宾驻华大使的卫和世（Josue L. Villa）说：“菲律宾的外交部门要确保参加东盟召开的所有会议、东盟举行的所有活动以及东盟实施的所有项目和工程，并保持与东盟各邻国及包括中国在内的对话伙伴国的密切关系。”[②]菲律宾从与东盟成员国各领域间的有效合作中获益颇多，如贸易、金融、科技、农业、环境、交通、文化、旅游、打击跨国犯罪、促进投资等等。菲律宾的外交决策也逐渐纳入东盟的框架下进行。

现阶段，菲律宾仍然努力稳定外部环境，为解决国内问题提供良好的支持，并借助东盟的政治影响力，平衡各个大国对菲律宾的影响。2007年美国出口到菲律宾的货物价值97亿美

①黄建国：《菲律宾在东南亚地区安全中的地位与作用》，载《东南亚纵横》1996年第3期。
②卫和世：《菲律宾的外交政策及其与中国和东盟的关系》，载《当代亚太》2002年第5期。

元，菲律宾成为美国的第30大市场。日本是菲律宾自第二次世界大战以来最主要的贸易和经济伙伴。菲律宾重视发展与日本的经济关系，日本同时还是菲律宾最大的外援国和债权国。中国也是菲律宾重要的贸易伙伴，覆盖了多种合作领域，如商业、科技、文化、旅游等等。中国在菲律宾的重要贸易伙伴中排名第12位。菲律宾出口中国的商品包括半导体、铜线、机械零部件、配件、电力电子机械及新鲜香蕉，中国出口到菲律宾的产品主要是汽油、机械零部件、配件、电力机械部件、电子产品、棉花、煤、塑料、鞋及成衣。两国还在应对毒品和迷幻药物走私方面展开合作。除此之外，欧盟也是菲律宾的一大贸易和投资伙伴。

值得注意的是，菲律宾作为劳务输出大国，其外交政策也非常注意维护海外菲人的利益。菲籍海外劳工较多的地区与国家有中国香港、中国台湾、新加坡、美国、加拿大、阿联酋、沙特等。

第六节　“千岛之国”菲律宾的国家象征

“千岛之国”菲律宾的人民自豪地称祖国为“东方明珠”（Perlas ng Silanganan）。这片群岛自然风光优美，异国风情浓郁。对西方人来说，菲律宾的东南亚风光是探索东方世界的一块热土；对东方人来说，菲律宾又是映射西方文化的一面镜子。

国歌：《神选之地》

菲律宾的国歌名称为《神选之地》（*Lupang Hinirang*），歌曲由胡利安·费利帕创作，何塞·帕尔玛填词。1898年6月12日埃米利奥·阿吉纳尔多在甲米地的卡维特宣布菲律宾第一共和国成立、摆脱西班牙殖民统治的时候，国歌第一次奏响。

Lupang Hinirang	《神选之地》
Lyrics: Jose Palma	词：何塞·帕尔玛
Music: Julian Felipe	曲：胡利安·费利帕
Bayang magiliw	光荣的国家
Perlas ng Silanganan	东方的明珠
Alab ng puso	心中的热情
Sa dibdib mo'y buhay.	在你的胸中燃烧。
Lupang hinirang	被选择的土地
Duyan ka ng magiting	勇敢者的摇篮
Sa manlulupig	面对征服者
Di ka pasisiil.	你不会低头。
Sa dagat at bundok	在大海高山之中
Sa simoy at sa langit mong bughaw	在和风碧空之上
May dilag ang tula at awit	伟大的诗篇和颂歌
sa paglayang minamahal.	歌唱你热爱的自由。
Ang kislap ng watawat mo'y	你的旗帜上闪耀的
Tagumpay na nagniningning	是光辉的胜利
Ang bituin at araw niya	星空和太阳
Kailan pa ma'y di magdidilim.	永远不会黯淡。
Lupa ng araw ng luwalhati't pagsinta	光明、荣誉和挚爱的土地
Buhay ay langit sa piling mo	你拥抱的是极乐之地

Aming ligaya na pag may mangaapi	即使受压迫我们也永远保有乐观
Ang mamatay nang dahil sa iyo.	我将为你献出生命，祖国！

国旗

菲律宾的国旗呈长方形，长宽之比为2∶1，由三种颜色组成。蓝色象征和平，红色代表勇气，白色象征内心的纯洁。国旗的左边是一个白色三角形，象征全体人民的平等地位。三角形内有三颗星星围绕金黄色的太阳，太阳有八束光芒。三颗星星象征菲律宾的三大岛屿：吕宋、比萨扬和棉兰老。八束光芒象征最先反抗西班牙侵略的八个省区：马尼拉（Maynila）、八打雁（Batangas）、布拉干（Bulacan）、甲米地、内湖（Laguna）、新怡诗夏（Nueva Ecija）、邦板牙和打拉（Tarlac）。国旗的右侧由上下两个直角梯形组成。平时蓝色梯形在上，战时红色梯形在上。

国徽

菲律宾国徽为盾形。中央是太阳放射光芒图案，三颗五角星在盾面上部，其寓意同国旗。左下方为蓝底黄色的鹰，右下方为红底黄色狮子。狮子和鹰图案分别为在西班牙和美国殖民统治时期菲律宾的标志，象征菲律宾摆脱殖民统治、获得独立的历史进程。盾徽下面的白色绶带上用英文写着“菲律宾共和国”。

国语

菲律宾的国语是菲律宾语（Filipino），是基于菲律宾主要的民族他加禄族所使用的他加禄语而形成的，因而又被称为他加禄语。

19世纪末期菲律宾共和国宪法中明确规定他加禄语是菲律宾的官方语言。1935年美治时期菲律宾宪法规定，在现有语言的基础上，在菲律宾发展并使用一种统一的语言。1937年菲律宾国会推荐他加禄语作为菲律宾国语的基础方言，这是由于：他加禄语在菲律宾被广泛使用；他加禄语的各个方言之间差别不大；他加禄语文学作品众多，拥有最丰富的研究成果；他加禄语是首都马尼拉地区使用的语言；他加禄语是卡蒂普南运动的主要语言载体，为菲律宾革命作出了巨大贡献。同年12月30日，菲律宾第二任总统曼努埃尔·奎松（Manuel L. Quezon）宣布将以他加禄语为基础建立菲律宾的国语。1959年，菲律宾教育部将以他加禄语为基础的国语叫做“Pilipino”。1973年宪法规定国会应该努力发展和采用统一的语言，即菲律宾语，至此，Filipino被正式确定为菲律宾国语的名称。

菲律宾语属于南岛语系。从语言学的角度，菲律宾语属于黏着语，这类语言的特点是以词根和词根附加成分（词缀）的重复为构形的主要方式。句子的组成一般按照“谓语—主语—宾语”的顺序，当然这不是固定的，南岛语系语言还有语序灵活的特点。

由于历史上菲律宾深受中国、印度、西班牙、美国文化的影响，菲律宾语中有很多词语来源于外来文化。菲律宾语中大约有5,000个来自西班牙语的借词，比如silya（椅子）、bintana（窗户）、basura（垃圾）、umpisa（开始）、mundo（地球）、pamilya（家庭）、yelo（冰）、kalye（街道）、numero（数字）等等。来自中国福建沿海地区的移民将闽南话带到了菲律宾：如ate（阿姊）、ditse（二姊）、bihon（米粉）、hikaw（耳钩，耳环）、pansit（扁食）、petsay（白菜）、susi（锁匙）、toyo（豆油）等等。至于现代科学中的词汇，菲律宾语直接采用英语单词，只不过按照自己的发音方式将拼写方法稍作改动，如basketbol（篮球，basketball）、ekonomiks（经济，economics）、iskrin（屏幕，screen）、keyk

（蛋糕，cake）、websayt（网络，website）、perpyum（香水，perfume）。除了西班牙语、英语、汉语，菲律宾语词汇中还夹杂着大量的印地语、梵语、阿拉伯语借词。如来源于印地语的mahal（爱）、sabon（香皂），来源于梵语的mukha（脸）、diwa（灵魂），和来源于阿拉伯语的kuya（哥哥）、hiya（羞愧）。

古代菲律宾字母被称为“巴伊巴因”（Baybayin），由17个字母组成：3个元音（a、e/i、o/u），14个辅音（b、d、g、h、k、l、m、n、ng、p、s、t、w、y）。西班牙殖民菲律宾之后，拉丁字母被介绍到菲律宾群岛。菲律宾古代字母不断被西班牙传教士进行“拉丁化”。拉丁字母的菲律宾语在传教士的努力下得到广泛传播，其文字由28个字母组成：5个元音（a、e、i、o、u），23个辅音（b、c、d、f、g、h、j、k、l、m、n、ng、ñ、p、q、r、s、t、v、w、x、y、z）。

菲律宾共有70多种语言。除了他加禄语外，其他的主要语言还有宿务语（Cebuano，使用人口占总人口约25%）、希利盖农语（Hiligaynon，使用人口占总人口约13%）、伊洛戈语（Ilocano，使用人口占总人口约14%）、比科语（Bikolano，使用人口占总人口约8%）、萨马语（Waray-waray，使用人口占总人口约6%）。

随着美国殖民政府在菲律宾极力推行英语教育，在菲律宾社会大力推广和普及英语，英语不仅与菲律宾语同为菲律宾的官方语言，而且在日常生活中也被大量使用。菲律宾城市居民，尤其是年轻人所说的语言，已经不是纯粹的菲律宾当地语言，而被称为Taglish，意为他加禄语与英语的混合体。

节日

1月1日　新年（元旦）

2月25日　人民力量日（为了纪念1986年菲律宾人民运动）

4月1日至复活节　圣周（天主教节日）

4月9日　勇者节（又称“巴丹和科雷吉多日”，为了纪念日占时期在巴丹“死亡行军”中死去的战士）

5月1日　劳动节

6月12日　国庆日（独立日）

6月30日　西菲友谊日

7月4日　美菲友谊日（为了纪念1946年7月4日菲律宾从美国管辖中获得独立）

8月21日　尼诺伊·阿基诺日（为了纪念贝尼格诺·阿基诺二世在马尼拉机场被暗杀）

8月的最后一个星期一　国家英雄日

伊斯兰历法9月　斋月（伊斯兰教封斋的一个月）

11月1日　万圣节（天主教节日）

11月2日　万灵节（天主教节日）

11月30日　博尼法西奥日（安德列斯·博尼法西奥的生日）

12月25日　圣诞节

12月30日　黎萨日（为了纪念1896年12月30日黎萨被处决）

主要旅游景点

长滩岛——以岛上一条长长的白色沙滩而闻名。

巴拉望岛——原生态的海岛，岛上有地下河和红树林。

保和岛——拥有世界上最小的猴子——跗猴，巧克力山也是景点之一。

宿务——菲律宾第二大城市，马尼拉之外最大的经济、商业、工业中心，华人较多。

碧瑶——避暑胜地，气温较其他地方要低。

百胜滩瀑布——水量充足，以刺激紧张的泛舟活动而闻名。

马尼拉湾——位于马尼拉的罗哈斯大道旁边，以美丽的落日景观而出名。

马荣火山——位于吕宋岛东南部，拥有近乎完美的圆锥形山体，可与富士山媲美。

巴纳威梯田——联合国教科文组织将其列入世界文化遗产名录。

历任总统

埃米利奥·F. 阿奎纳多（Emilio F. Aguinaldo，1898—1901年）

曼努埃尔·L. 奎松（Manuel L. Quezon，1935—1944年）

何塞·P. 劳雷尔（Jose P. Laurel，1943—1945年）

塞尔吉奥·奥斯敏纳（Sergio Osmeña，1944—1946年）

曼努埃尔·A. 罗哈斯（Manuel A. Roxas，1946—1948年）

埃尔皮迪奥·R. 季里诺（Elpidio R. Quirino，1948—1953年）

拉蒙·F. 麦格赛赛（Ramon F. Magsaysay，1953—1957年）

卡洛斯·P. 加西亚（Carlos P. Garcia，1957—1961年）

迪奥斯达多·马卡帕加尔（Diosdado Macapagal，1961—1965年）

费迪南·马科斯（Ferdinand Marcos，1965—1986年）

科拉松·阿基诺（Corazon Aquino，1986—1992年）

菲德尔·V. 拉莫斯（Fidel V. Ramos，1992—1998年）

约瑟夫·埃斯特拉达（Joseph Estrada，1998—2001年）

格洛丽亚·马卡帕加尔·阿罗约（Gloria Macapagal-Arroyo，2001—2010年）

贝尼格诺·阿基诺三世（Benigno Aquino III，2010年至今）

饮食习俗

菲律宾人的主食是大米、玉米。古代的菲律宾人（尤其是山地民族）习惯用手抓饭进食。菲律宾人喜食猪肉、鸡肉、鱼肉。肉类、海鲜常常做成烧烤串，配上米饭就是一顿美餐。烤乳猪（lechon）也是当地的一道特色菜，总在节日或大型活动时用于招待贵宾。“adobo”这种烹调方法是将鸡肉或牛肉与土豆放在一起红烧，佐以酱油、醋、大蒜等调料。“sinigang”是一道将玉米、豇豆等蔬菜放在一起，加醋做成的汤菜。“kare-kare”是一道以牛肉或鸡肉、牡蛎、牛尾、牛肚为原料，加以花生酱、柠檬汁、辣椒等调料的炖菜。海里的小鱼小虾经过几个星期或者数月的发酵和腌制，被做成鱼酱、虾酱（bagoong），成了佐餐佳品。椰子、香蕉等热带作物也常被做成小吃，如炸香蕉、各种椰奶饮品。

西方饮食文化深深影响了菲律宾。菲律宾人喝下午茶的习惯或许是从西班牙人那里学来的。adobo、mechado、menudo、pochero这些菜式的名称本身就由西班牙语发展而来。菲律宾饮食还有明显的华人饮食痕迹，比如炸春卷（lumpia）、馄饨（wanton）、面条（pansit）、饼（hopia）、粉丝（sotanghon）、叉烧包（siopao）等都由中国人介绍到菲律宾，受到欢迎。

由于菲律宾气候炎热，所以菲律宾人有喝冷饮的习惯。哈罗哈罗（halo-halo）是一道著名的甜点。将芸豆、鹰嘴豆、椰果、菠萝蜜等水果、甜豆混在一起，以冰沙或冰淇淋覆盖，清凉解暑。菲律宾人还喜欢喝现榨的水果冰沙（fruit shake）。

通用货币：菲律宾比索

菲律宾的基本货币单位是比索（piso），来源于西班牙语peso，有时也使用peso的拼法。目前流通的菲律宾比索（标准符号：PHP）是20世纪80年代发行的。2010年，菲律宾比索与美元的兑换汇率约为45 :1，与人民币的兑换汇率约为6.8:1。

菲律宾街头有很多外币兑换点（Money Exchanger），可以很方便地按照当天的汇率在美元和比索之间进行兑换。

民族服装

菲律宾的民族服装中，男装被称为“巴龙衫”（Barong Tagalog），女装被称为“巴龙衫裙”（Baro't Saya）。“巴龙衫”多为菠萝纤维、香蕉纤维或亚麻手工编织而成，质地柔软、轻薄，但是挺拔、平整。原材料越优质、做工越上乘的“巴龙衫”，其颜色越透明。“巴龙衫”的基本款式，都是前领口开到上身中部或下摆，两侧有抽丝镂空图案。据说，服装样式起源于西班牙统治时期，为了便于区别西班牙人和菲律宾人，殖民者下令所有菲律宾人必须把衬衣穿在外面，不许把衬衣下摆扎在裤内。后来，菲律宾人开始在衬衣上刺绣，20世纪50年代初，这种服装被正式推为菲律宾男子的民族服装，成为外交场合和宴会的正式礼服。

“巴龙衫裙”是“巴龙衫”的女装版，两者使用的原料，制作方法都是类似的。“巴龙衫裙”通常分为上装和下装。上装的袖子多宽大，被称为“蝴蝶袖”，表现菲律宾女子的端庄；下装多为及脚包臀的长裙，修饰出菲律宾女子优雅的步态。随着现代社会的发展，“巴龙衫”、“巴龙衫裙”的款式不断多样化，颜色、图案也更加丰富多彩。

国花：小茉莉花（Sampagita）

白色的小茉莉花是菲律宾的国花，常被串成花环、项链或耳环，象征菲律宾人民纯洁的心灵。Sampagita这个词来源于菲律宾语“Sumpa kita.”（我对你发誓），是男孩向女孩求爱、表白时的语言。因此，小茉莉花也是爱情的象征。

国树：纳拉树（Nara）

纳拉树是一种木质坚硬、高大挺拔、能沉于水的紫檀硬木。它常被用于制作房门、屋顶和桌、椅、衣橱、梳妆台等家具。它象征着菲律宾人民坚定不移、坚韧不拔的性格。

国鸟：菲律宾鹰（Philippine Eagle）

菲律宾鹰被人们赞为世界上“最高贵的飞翔者”，有“鹰中之虎”的美誉。它主要猎食各种树栖动物，如蝙蝠、蛇、蜥蜴、犀鸟、灵猫、猕猴、野兔、田鼠等。体格强健，两翅展开的长度可达3米。

第二章
经济概况

本章导读

☆菲律宾优越的自然条件为发展经济带来了得天独厚的条件，然而由于历史原因菲律宾的经济一直呈现发展不平衡的势态。目前，菲律宾仍旧是一个发展中的农业国，然而其服务业却在经济进步中作出了卓越的贡献。要想认识菲律宾现在的经济状况还是应该从历史入手，逐步考察菲律宾经济的变化与发展。

第一节 自给自足的生活与早期的商品交换

一、自然经济的发展与商品经济的出现

菲律宾位于热带地区，日照充足、降水充分、自然资源丰富，当地居民可以很容易地采摘水果和猎取小型的动物作为食物。因此，早期菲律宾人的生活方式以自给自足为主，并没有现代意义上的经济生活。然而，这种分散的自给自足的生活模式，却难以应对恶劣的气候和大自然中潜在的威胁。随着人口数量的增长，人们开始集体生活、劳作和狩猎，由此而形成了菲律宾最基本的社群单位——巴朗盖。巴朗盖中的人们一般采取分工合作，并根据自己的居住地点选择不同的生产模式。通常女性负责采集工作，男性负责狩猎工作，日常生活用品的制作则是由男女共同负责。位于雨林附近的巴朗盖，采集和狩猎是获得生活维持品的主要来源；沿河和沿海的巴朗盖，渔业是获得生活维持品的主要方式；位于山地的巴朗盖，种植业则成为了获得生活维持品的主要方式。在菲律宾，稻米种植有着非常悠久的历史，早在2000年前菲律宾人就开始了梯田耕作，特别是科迪勒拉山区的巴纳威梯田，其规模之大、耕作之精细令人叹为观止。1992年，世界遗产委员会将巴纳威高山梯田列入《世界文化遗产名录》。随着现代经济对传统农业的巨大冲击，许多年轻人选择迁离自己的故乡去城里工作，维护照顾梯田的人越来越少，整个梯田的破坏程度越来越严重，因此巴纳威梯田又在2001年被列入《世界濒危遗产名录》。

由于各个巴朗盖的主要产品不同，开始出现物物交换。菲律宾的河川众多，使得各个巴朗盖之间的交通非常便利，当

地居民会带上剩余产品前往其他的巴朗盖交换自己所需要的产品，这种物物交换便是菲律宾社会最早的商品经济。在早期菲律宾社会里还存在一种非常有特点的物物交换方式，即一个人把自己的产品装在容器里挂在矮树上或置于树洞中，路过的人如果喜欢这种产品，便会将其取走并将自己带来的产品放置在原来的位置上，等待他的新主人将其取走。这种随机性很大的商品交换模式依赖于两位素未谋面的交换者之间的信誉，如何使留下与被取走的产品是等价的交换物对于现代人来说也是一个很难理解、很难操作的问题。然而对于生存资源丰富、生活闲适、心地单纯的菲律宾早期居民来说却是非常容易实现的。

随着生产力的提高和人们对于更多生活产品的需求，商品经济开始在菲律宾萌芽，海上贸易的诞生与外国商人的到来，使菲律宾的商品经济得到了进一步的发展。

二、与周边国家的商品贸易

公元10世纪至16世纪初被不少学者称为“贸易与联系的时代”[①]，在这段时间里菲律宾的社会经济得到了迅速发展，而这在很大程度上依赖于与周边国家的贸易与交流。

随着航海技术的发展以及航线的开辟，吕宋岛西岸，民都洛岛和苏禄海周围地区逐渐成为了东南亚新兴的贸易地区。菲律宾人、阿拉伯人和中国人都是这一地区贸易的参与者。在10世纪，许多菲律宾商人来到中国沿海地区进行商品贸易。根据宋代学者马端临所著《文献通考》的记载，982年有商船携货物从麻逸（即现在的民都洛岛）到达广州进行贸易。11世纪初，来自南方棉兰老岛上的武端（Butuan）通过朝贡贸易的方式与

①金应熙主编：《菲律宾史》，郑州：河南大学出版社，1990年，第35页。

中国朝廷建立了直接的联系。从棉兰老岛进贡给中国朝廷的物品有许多并非菲律宾群岛的特产，如香料、器皿等，这些商品有的来自东南亚的其他地区，有的来自西亚。因此我们可以推断菲律宾当时的市场非常繁荣，已经与许多国家建立了贸易来往，除了进行简单的直接贸易外也进行转口贸易。

中国唐宋时期，菲律宾的对外贸易日益发展，主要的进口产品为金属器具、绫绢、无色烧珠等工艺品。特别是在宋代，农业手工业的发展和造船航海技术的进步，为中菲之间的贸易打开了方便之门。北宋中后期指南针在航海中普遍使用，中国东南沿海的商人凭借着多年航海经验和勇于探索的精神开辟了从福建泉州出发，途径澎湖、吕宋岛西岸、民都洛岛和巴拉望岛的新航线。这条航线被称为“海上陶瓷之路”，因为中菲两国贸易中最重要的商品是瓷器，在当时的菲律宾社会中瓷器在日常生活、礼仪巫术等方面有非常重要的作用。中菲之间的海上贸易主要还是以以货易货为主，中国商人带去金属、绫绢、陶瓷等商品，从菲律宾运回香料、黄蜡、槟榔、珍珠、玳瑁等土特产。《诸蕃志》和《岛夷志略》中都提到中国商船开到麻逸贸易的情况。菲律宾商人向中国人赊取货物运往菲律宾各地贩卖，然后将换取的菲律宾土特产带回给中国商人以偿还货价，从不失约。直到13、14世纪菲律宾诸岛开始使用金银货币后，这种贸易方式仍旧保留下来，是贸易双方相互信任和睦邻友好的见证。

14—16世纪，菲律宾的对外贸易进一步繁荣，与当时暹罗、安南、文莱、日本等国进行贸易越发频繁，菲律宾全国各地的岛屿都不同程度地变成了贸易地区，其中苏禄、马尼拉成为了两处贸易中心。在这段时间里，菲律宾最主要的贸易对象仍旧是中国，明朝初年菲律宾诸地首领先后十多次遣使访问，中菲关系极其友好。其中1417年苏禄“东王”在访问归途中病逝于山东德州，明朝特地为他修建了陵墓，他的次子和三子留下守墓，从此在这里繁衍生息，成了中菲交流史上的一段美谈。

第二节　殖民时期的经济

一、西班牙殖民时期的大帆船贸易

1565年西班牙征服了菲律宾北部的大多数岛屿，并开始在菲律宾设立殖民统治，由此开始，菲律宾人传统的生活方式被打乱，繁荣的岛际贸易也受到西班牙人的影响而发生转变。

西班牙殖民者来到东南亚的目的是寻找香料和黄金，但是菲律宾这两种产品的产量都不能满足西班牙殖民者的需求，甚至难以维持殖民统治的需求，因此西班牙殖民政府决定将菲律宾作为跳板以便与中国进行贸易并传教，菲律宾也因此成为了商品的集散地转而发展转口贸易。菲律宾虽然是西班牙的殖民地，但是西班牙国内对菲律宾并不重视，参与菲律宾大帆船贸易的，主要是西属拉美殖民地的官员，商品经由拉美再运往西班牙，供国内使用。大帆船贸易的起始点被定为菲律宾的港口与墨西哥的阿卡普尔科，因此两地的经济发展尤为突出。自1565年第一艘大帆船“圣巴布洛（San Pablo）”号载满香料开离菲律宾，至1815年最后一艘大帆船“麦哲伦”号由阿卡普尔科驶往菲律宾，整个大帆船贸易持续了250年，贸易持续时间之长，所跨距离之远在历史上都是罕见的。

大帆船装载了亚洲各国的货物运往墨西哥，其中货物主要来自物产丰富的中国，包括生活用品、丝织品以及奢侈品。菲律宾殖民地的官员与商人将商品贩往西属拉美地区，换取贵金属来维持殖民地的统治，其中还有一部分再转运至西班牙国内。然而中国商品产量大，价格有竞争力，一方面导致了西班牙及其殖民地的贵金属的外流；另一方面大量的进口商品引起了西班牙国内商人的不满。因此在国内商人的建议下西班牙国内下令限制大帆船贸易。1587年西班牙国王菲利浦二世下令禁止墨西哥将中国的丝织品运进秘鲁，四年后又全面禁止秘鲁与亚洲诸国的贸易，1604年时甚至禁止了墨西哥向秘鲁输入商品。这种保护国内经济的政策极大地伤害了海外殖民地的利益，因此遭到了墨西哥与菲律宾殖民官员的反对，大帆船贸易得以继续发展，但是西班牙王室由此开始垄断了大帆船贸易。1604年后，繁荣的大帆船贸易迎来了它的转折点，由自由时代步入了限制时代。

虽然西班牙王室对大帆船贸易做出了诸多限制，但是以牟利为目标的大帆船贸易却极力规避着诸多的限制条件，无论从货物重量、总价、数量上都大大超过了限制额。因此在限制时代的初期，大帆船贸易仍旧是繁荣发展的。大帆船贸易真正的衰落始于同时代的其他资本主义国家的介入。17、18世纪是早期资本主义国家发展的时代，英国、荷兰、葡萄牙都是当时的资本主义大国，也是西班牙的竞争对手。特别是随着英国海上地位的上升，它的海上贸易能力也开始逐渐超越西班牙。至18世纪末，许多菲律宾派出的商船甚至无法将商品售出，导致长时间的滞留。在资本主义诸国的冲击下，大帆船贸易无法继续下去，西班牙政府终于在1813年宣布了大帆船贸易的终结。

二、西班牙殖民时期的经济政策与经济发展

西班牙的海外殖民地众多，因此殖民地并非由西班牙国王直接统一管理的，西班牙国王为此设立了复杂的殖民统治机构。其中，菲律宾的殖民事务是由墨西哥的新西班牙副王（viceroy）来负责的。然而，由于两地水路遥远，握有真正管理权的实则是菲律宾总督（general-govenor）。随着总督制度的不断发展，总督的权力随之膨胀，后来总督甚至有终止执行西班牙王室命令的权力。总的来说，菲律宾总督实则相当于菲律宾的皇帝，集各种权力于一身，只有总督的任命权仍保留在西班牙王室手中。总督们几乎都不择手段地巧取豪夺，肆意搜刮菲律宾的财富。从这种目的出发，总督们早期的管理政策也大都非常有针对性。

首先是赋税制度。黎牙实比最初管理菲律宾时，规定每个家庭每年要上缴赋税8里尔（Real），可以缴纳货币也可以缴纳实物。1595年又分别增加军费1.5里尔，宗教费0.5里尔。17世纪末又增加了捐米。1874年赋税额增加至14里尔。19世纪末时，殖民者用人头税代替了赋税，以便征得更多的税额。这种变动的原因是19世纪时菲律宾社会上有大量的中国移民和混血儿，这些人成为了征税的主要对象。对这些身份特殊的人征收的赋税往往数倍甚至十数倍于菲律宾本地人，而这些上缴的税款都流入了各层管理者的腰包。

第二是徭役。殖民当局规定菲律宾的成年男女都须服役，男子从事社会建设等工作，女子则负责社会服务、维护公共设施等较轻的工作。然而服役所支付的工资却非常低，并不能补偿服役给个人所带来的损失，因此很多人并不想去服役。西班牙殖民者针对这种情况颁布了代役金制度，如果个人给当局支付昂贵的代役金则可以免去当年服役。然而，西班牙殖民者每

次需要进行社会建设时都超额征发，以便攫取更多的代役金。

第三是征购。当局强行规定商品价格，并强行购买商品。在购买时却并不支付现金而是给予期票，强行购买来的商品往往被转让或者倒卖给亲朋或者真正有需求的人。时至17世纪末，当局所发行的期票已高达百万数额。西班牙殖民政府的这种行为已经与强盗无异。正是这些行为才导致了菲律宾各地的反抗起义。

这种垄断式的经济一直持续到18世纪中期。随着商品经济的发展，菲律宾社会的整个经济状况也发生了很大的改变，同时西班牙殖民当局还面对着其他资本主义国家经济势力的扩张，种种因素迫使西班牙殖民当局放弃垄断经济的政策以维护更长远的统治。因此，18世纪60年代至19世纪30年代，菲律宾的经济迎来了全面开放的新时期。

18 世纪 60 年代以后，西班牙国内更倾向于对菲律宾实行宽松开明的管理，以促进殖民地本身的发展。当时的总督巴斯科（Jose de Basco y Vargas）制订了“经济发展总计划”，从菲律宾社会的各个领域促进菲律宾的经济发展。首先，巴斯科鼓励菲律宾的烟草生产，实施了烟草专利制度，即由政府垄断烟草业。甲米地、八打雁、内湖、邦板牙以及卡加延等 9 个地区成为了菲律宾的主要烟草生产区。在这些地区里，殖民当局硬性规定农民种植烟草，且每年必须达到一定的产量，收获之后当局则派出专员进行征购，然后送往城市里的卷烟厂进行加工，成品烟则供西班牙国内消费。1835 年起，烟草制品开始对外出口，出口国家和地区包括印度尼西亚、新加坡、印度、英国和澳大利亚。由于烟草的销路非常好，烟草业所带来的盈利额也在逐年上升，据统计 1782 年实行烟草专利制度之初的烟草盈利额为 44,968 比索，至 1790 年时盈利额增长为 257,665 比索，到 1870 年时盈利额已增长至 1,649,939 比索。[1]由此可见烟草业在促进菲律宾经济发展的过程中起到了重要的作用，但是菲律宾的劳动生产者却并没有因此获利，相反他们在西班牙殖民者的压迫盘剥下生活苦难愈加深重。

巴斯科制订“经济发展总计划”的另一个结果是成立“国家之友经济协会”。这一协会的宗旨是学习国外先进技术，发展农业、工业和商业，鼓励经济作物的种植和进行职业教育。除此之外，协会还设立了很多研究部门负责研究菲律宾的自然历史、经济、贸易等课题，为发展农工商业提供智力支持。协会的这些活动得到了巴斯科的大力支持，并在商贸、贡税方面有很大的自由度，然而随着总督的更迭以及“菲律宾王家公司”的成立，协会的活动越发不景气，最终于1809年停办。

巴斯科的经济计划在初期取得了相当大的成功，菲律宾群岛的资源得到了开发，农业得到了发展，经济也基本可以自立而不再依赖大帆船贸易和墨西哥的白银补贴，为菲律宾商品经济的初步发展开拓了道路。然而，西班牙殖民者抗衡外国经济势力渗入的目的却没有达到，对外贸易作为商品经济的重要环节是不可能加以限制的，外国经济势力的不断渗入，导致了新的经济政策以失败告终。

1834年9月6日是菲律宾历史上一个重要的日子，在这一天马尼拉港正式向国际贸易开放了。菲律宾经济迎来新的发展契机，菲律宾的经济结构也由此开始发生了一系列的重大变化。在马尼拉开港之后的30年中，西班牙当局又陆续开放了怡朗、三宝颜、宿务等港口，欢迎外国人进入菲律宾，并且鼓励菲律宾与国外的商品交流。19世纪后半期，外国经济势力在原有的基础上进一步发展，更加广泛地渗入菲律宾生产和贸易的每个

①金应熙主编：《菲律宾史》，郑州：河南大学出版社，1990年，第270页。

领域和环节，而且都取得了很大的优势，国际经济形势的变化影响着菲律宾的经济行情，由此我们可以说菲律宾经济已经被纳入了资本主义世界的经济体系。

西班牙在菲律宾建立殖民地以来，由于菲律宾、西属殖民地以及西班牙王室的需求，中国商品在菲律宾仍有很大的市场。首先，中菲贸易是大帆船贸易得以继续的先决条件，而大帆船贸易则保证了西班牙殖民者的统治得以维系；其次，当时马尼拉及其周边地区的日常生活产品主要还是依靠中国商人供应。由于大量的中国人介入了菲律宾社会，在菲律宾社会的各个角落可以看到中国文化的印记，比如建筑、饮食、服饰以及手工艺等。菲律宾吸引了大量的中国商人、手工艺人远渡重洋来到菲律宾，更有世代定居于此者。然而大量的中国移民却使西班牙人在统治的初期陷入了两个困境：第一，作为殖民地的统治者却无法掌握殖民地的经济；第二，在菲中国商人、小贩的数量已经大大超过了西班牙人的数量。因此，“隔离、西化、屠杀、驱逐”逐渐成为了西班牙人对待中国移民的主要政策。隔离与西化政策很快被中国移民所适应，屈从于西班牙人的这两项政策仅仅是为了获得更多的商业自由；屠杀和驱逐则大大地打击了在菲中国移民的数量与移民的积极性，但是另一方面，中国移民全面退出菲律宾市场却对殖民地的经济与生计产生了莫大的影响。因此，屠杀和驱逐是西班牙殖民者万不得已时才采取的政策。

三、美国殖民时期的经济状况

西班牙对菲律宾的殖民一共持续了333年，由于政治腐败、经济衰颓最终难以抵御新兴资本主义国家美国的攻击，不得不在1898年放弃了对菲律宾的殖民，而美国也正式接手菲律宾开始了新的殖民统治。

美国殖民菲律宾所推行的是“美化”政策，并且奉行“以菲治菲”政策。所谓“美化”政策，就是用美国的政治、文化、经济系统来取代西班牙时代的统治，使菲律宾彻底地成为美国在西太平洋的前线。为了配合“美化”所奉行的“以菲治菲”政策，美国看到菲律宾人在反对西班牙统治时所体现出的民族意识是仅仅使用武力所难以征服的，于是积极培育殖民政府的代理人、管理者，让这些亲美的官员来统治菲律宾，以便有利于实施发展美国在西太平洋的扩张计划。

美国殖民者和西班牙殖民者在菲律宾实行的经济政策虽略有不同，但是其宗旨几乎一致：保证宗主国能够在殖民地取得经济上的垄断地位。因此美国所制定的殖民统治纲领中关于发展经济的内容也都是以此为依据的。

首先，美国通过调整关税来垄断菲律宾的商品进出口。1909年8月5日美国制定了“佩恩—奥尔德奇法案”，这个法案规定美国向菲律宾输入的产品无论多少一律免税。菲律宾向美国输入的产品如烟、糖、手工产品若满足一定的限额也可以完全免税。法案制定以后的短短数年内，美国在菲律宾进出口贸易中所占的比重迅速增长。据资料统计，进口比重由1899年的7%上升到1917年的57%。这种免税贸易使得菲律宾人的日常生活在很大程度上依赖于美国提供的产品，同时也导致了菲律宾国内经济发展的不平衡，几种可以免税的商品得到飞速发展。1910—1913年，烟、糖、麻和椰制品的出口占总出口值的93.15%。①

然而，这种单一经济模式的缺点在经济危机中暴露无遗，1920—1922年，1929—1933年两次经济危机都严重地破坏了菲

①金应熙主编：《菲律宾史》，郑州：河南大学出版社，1990年，第455页。

律宾的经济，大量主要出口商品的价格下跌都在50%以上，大小厂家都纷纷倒闭，人民生活水平急剧下降，大大加深了社会矛盾。

两次经济危机的打击使得美国迫于形势不得不暂时放松对菲律宾的压迫，因此美国决定给予菲律宾一个10年的自治过渡期，10年之后允许菲律宾独立。1935年9月，菲律宾获得了自治权，成立了自治政府，奎松为自治政府首脑，制定了政治、文化、经济的发展政策。

1935年12月，自治政府创建了“国家经济委员会”，旨在为国家发展经济提供咨询并制订经济计划。根据委员会的建议，自治政府修改了征税制度，建立了国家信贷机构，并创建了许多的国家企业，由于之前国家经济类型单一，委员会提出应重点发展国家工业，实现菲律宾从农业国向工业国的转型。

自治时期，采矿业迅速发展，普通金属产值在7年间翻了100多番；金银矿的开采也在6年间翻了一番。采矿业为工业发展提供了资源基础，然而由于设备和科技的落后，菲律宾的工业并没得到很大的发展，同时美国的投资也很少投向工业领域，使得菲律宾的发展很有限。

自治期间，菲律宾的稻米、玉米、糖和烟的生产都有所发展，然而其他的一些部门则在同时期受到国际市场的影响并不景气，如麻、椰业都受到国际价格下降的影响虽然产量逐年增长却并没有提高实际的收入。同时，自治时期的菲律宾仍未完全脱离美国的统治，许多政策的制定要受到美国的干预，因此农业虽然有所发展，但农业市场仍旧被美国所垄断，进出口值的大多数仍然是美国所占有的，再加上外国资本的竞争使得菲律宾的经济仍旧处于萎靡不振的状态。

自治时期里，菲律宾向工业国家转型的计划并未实现，仍旧是一个落后的农业国，社会矛盾有增无减。1942年，日本攻入并占领了菲律宾，强迫其成为日本战时物资的来源地，菲律宾的经济在日本占领期间一蹶不振。1946年菲律宾获得了政治上的独立，其时菲律宾社会百业待兴，战后历任总统都为恢复菲律宾经济做出了不懈努力。

第三节　当代菲律宾经济

一、战后菲律宾经济概况

菲律宾虽然取得了反法西斯战争的胜利，但整个菲律宾社会在战争中却遭到了巨大的破坏。据统计，大约有110万名菲律宾人在这场战争中牺牲，菲律宾的诸多城市如马尼拉、宿务、奎松、甲米地、碧瑶等都遭到了严重的破坏，其中马尼拉的毁坏程度在80%以上。交通工具，用于工农业生产的设备和工具等也都大量被损毁。1950年菲律宾的财政部长所作出的战时损失估算达到了70亿美元。

联合国针对此情况对菲律宾进行了经济援助，然而美国政府却总是从中作梗，使得菲律宾实际获得的援助微乎其微，同时美国借助这一时机更加深入地渗透到菲律宾的经济领域，以便掠夺菲律宾的农产品和其他自然资源。这样一来菲律宾的经济又再度掌控在美国人的手中，为了得到美国的“经济援助”，菲律宾不得不与美国人签订了《贝尔贸易法案》等不平等条约，使得菲律宾的社会与经济受到进一步的打击和破坏。

菲律宾政府力图摆脱美国对菲律宾的控制。20世纪50年代初，菲律宾采取相对强硬的经济政策，限制商品进口并进行外汇管制，鼓励发展国内的工业生产。60年代中期马科斯执政时期，积极发展菲律宾的中小型工业，积极招商引资，并开发农村，大力发展粮食生产，促进了菲律宾经济的发展。70年代政府宣布实行“新经济政策”来稳定物价，提高人民生活水平，同时继续大力发展农业、基础工业。在这一时期菲律宾的国民生产总值得到了很大程度的增长。然而，由于马科斯政府后期的腐败贪污，国内政局动荡，负债累累，菲律宾经济的大好形势又在其手中付之一炬了。80年代末至90年代初，菲律宾经济一直处于恢复期，1997年的亚洲金融风暴使得菲律宾的经济一直处于动荡状态。进入21世纪，新上任的总统和政府努力挽救菲律宾经济，使得菲律宾经济逐渐走上稳定发展的道路。在此期间，菲律宾的旅游业、服务业等第三产业对国家的经济发展起到了巨大的促进作用。虽然尚有许多问题没有解决，但整体上来看，菲律宾的经济在不断地发展，2004年时还被世界银行评为世界第24大经济体。①

二、当代菲律宾经济概述

一个国家的经济状况，既与国家的地理自然因素有关，也与其历史有关。菲律宾的地理环境为发展农业提供了得天独厚的条件，同时为制造业、服务业提供了有利条件。而多年的殖民史则决定了菲律宾的工业基础薄弱，经济稳定性较差。目前，制造业和农业是菲律宾的两大支柱产业，而服务业则在国民经济中占有重要的地位。从GDP占有率来看，服务业大约占菲律宾整个GDP的50%，制造业贡献了大约23%，农业则占GDP总值的20%左右，建筑业、矿产业以及其他一些产业部门则只占

---

①《菲律宾经济》，转引自：http://zh.wikipedia.org/zh/%E8%8F%B2%E5%BE%8B%E8%B3%93%E7%B6%93%E6%BF%9F，查询日期：2011年2月10日。

7%。由此可以看出菲律宾是一个标准的劳动力密集型产业国家。

地理环境在为经济提供有利条件的同时也起着制约作用。菲律宾岛屿众多、交通不便，使得菲律宾的经济发展在地域上并不均衡。菲律宾的经济以北方的马尼拉为中心，越远离马尼拉的地方经济就越不发达。首都马尼拉集中了全国大约13%的人口，各行业的产值占全国GDP的30%多。菲律宾经济发展的不均衡还体现在人均收入上，据统计，马尼拉的人均收入大概是最贫穷的棉兰老地区的人均收入的11.7倍，菲律宾全国生存在贫困线以下的人口大约占总人口的30%。但同时，马尼拉人的收入也并不是平均分布，而且呈现出两极化的趋势。

作为一个资本主义国家，菲律宾的所有制形式还是以私有制为主，其中包括国家所有制和私人所有制。由于国家力量薄弱，腐败严重，因此在整个经济体系中占据主导地位的还是私人所有制。菲律宾的私人企业是菲律宾经济发展的中流砥柱，许多私人大财团的经营范围遍布各个领域，而且许多大财团都是华人和西班牙后裔所有。

在东盟十国中，菲律宾是第一个推行国家工业化的国家，国家特别重视中小企业的地位。中小企业主要从事农村工业、手工业、生活必需品加工、木材、零售批发等业务。然而，由于整个国家的工业基础薄弱，使得中小企业仍不能摆脱技术落后、原料缺乏、资金不足等桎梏。除此之外，外资企业在菲律宾的经济中也起到重要作用。特别是在服务部门中形成了非常有特色的技术服务外包产业，为菲律宾的经济发展作出了巨大的贡献。

三、菲律宾农业

菲律宾的地理资源优越、人力资源丰富，非常适合发展农业。菲律宾可耕种土地约有1,400万公顷，约占全国土地面积的46.9%，菲律宾的森林资源丰富，有大量的雨林带，同时菲律宾的渔业资源也异常丰富。菲律宾的农业人口占总人口数的50%，为国家贡献了15%的国民生产总值。

菲律宾的农作物基本上分为两类，一类是粮食作物，另一类是经济作物。粮食作物以稻米、玉米为主，占整个耕地面积的60%左右，粮食作物主要用于供应本国消费。其中稻米是最主要的粮食作物，是菲律宾人民日常三餐中必不可少的食物，因此稻米在农业生产中占有很大比重。菲律宾的稻米种植主要集中在吕宋岛上，中央平原土壤肥沃，降水充足，被称为菲律宾的粮仓；另外在吕宋岛的卡加延河谷与东南部的比科尔平原也非常适合稻米种植。由于菲律宾长期处于殖民主义统治下，使得菲律宾的农业发展非常畸形，殖民者一味地种植经济作物而忽视粮食作物的种植，使得菲律宾很长一段时间内粮食不能自给。在几届政府的共同努力下，终于将这种畸形发展逐渐矫正过来。21世纪以来，菲律宾的稻米种植业发展很好，稻米产量逐年增加，基本满足了粮食的自给。即使是在2002年遇到严重自然灾害的时候，菲律宾的稻米仍然比上年有所增产。菲律宾的第二大粮食作物是玉米，主要产地是宿务。玉米除了作为主食之外，还作为稻米产量不足时的救济粮。其次，玉米种植还为畜牧养殖业提供了饲料原材料，对国内猪肉蛋禽类生产业起到了促进作用。当下，菲律宾的玉米种植受到进口玉米的竞争，政府正在不断完善玉米种植技术，开辟玉米种植区并加强建设南北交通体系，使得国内玉米的竞争力更进一步地提高。

经济作物则以传统的椰子、香蕉、麻、烟草、甘蔗、咖啡、糖为主，其中椰子、糖、麻、烟草是菲律宾的主要出口产品，在国民经济中起到重要的作用。椰子是菲律宾的第一大经济作物，菲律宾的椰子产量大约占世界的一半。椰子作为一种热带水果其用途非常广泛，椰汁椰肉可以加工为饮料食品，椰子中提炼出的椰油可以用于制造业，椰壳则可以由心灵手巧的菲律宾人加工为精美的工艺品。菲律宾的椰树主要种植在吕宋岛东南部、比萨扬群岛和棉兰老岛的沿海地区，主要是种植园经营种植，但也有大量的农民自行种植的椰树，因此全国椰树的种植面积仅次于水稻。椰子在菲律宾的国民经济中占有极其重要的地位，全国大约有30%的农业人口以种植椰树为生，椰树业的产值占到农业总产值的7%左右，更为其他的相关产业提供了很多生产原料。甘蔗是菲律宾第二重要的经济作物，主要用来制糖。历史上菲律宾是糖的出口大国，但由于受到经济危机和美国的控制使得糖业在20世纪90年代一蹶不振，21世纪以来政府制定了许多政策力图恢复甘蔗种植和制糖业，如推广科学技术、施肥技术，引进优良品种，改进机械和加工手法等。麻、烟草、咖啡、香蕉等也是菲律宾重要的经济作物，是菲律宾主要创汇的产品，尤其是烟草、咖啡、香蕉，为菲律宾提供了大量的外汇来源。

森林资源是菲律宾最宝贵的资源之一，是菲律宾山地人民的居所和食物来源，是菲律宾众多产业原材料的来源。菲律宾的森林面积有1,250万公顷，覆盖率高达41%。树木类型主要有热带常绿雨林、季雨林、山地森林、海滨林等，其中大多数都可以为工业提供原材料。早在美国殖民时期，伐木业就是菲律宾非常重要的产业之一，树木既满足国内使用，也作为重要的出口商品。然而这种没有节制的开采却导致菲律宾森林资源迅速消失，政府不得不采取政策保护森林资源，1974年开始实施的《森林改革法》提出了许多利于保护森林资源的政策。

畜牧业是菲律宾相对薄弱的产业，菲律宾的肉类消费量是比较低的。水牛是稻田耕种过程中所使用的主要牲畜，而猪肉则是主要的食用肉（除穆斯林地区外）。菲律宾的猪肉、家禽类可以满足自给，但是牛肉、乳制品等还需要从国外进口。因此，畜禽业还存在很大的市场潜力和投资前景。从2010年的存栏数来看，菲律宾大约有1,339.78万头猪，420.37万只山羊，332.03万头水牛，259.60万头黄牛以及1.59亿只鸡。根据菲律宾农业统计局资料显示，1982—2009年间，菲律宾各畜禽品种屠宰量不断增加，其中生猪屠宰量由1982年的367.17万头增加到2007年的历史最高点，为978.91万头，2009年有所减少，为925.96万头；鸡屠宰量由3,878.59万只增加到3.26亿只；水牛屠宰量由10.88万头增加到23.66万头；山羊屠宰量由9.04万头增加到15.91万头；黄牛屠宰量由32.7万头增加到53.90万头。总体来看，菲律宾畜禽屠宰量随着畜禽养殖规模的扩大而不断增加。① 然而，截至2011年菲律宾的畜禽饲养方式还比较落后，有待于引进更先进的技术。

目前菲律宾拥有东南亚最大的河口鱼塘，总计大约有25万公顷，其中已经命名的鱼类多达2,400种，菲律宾媒体也经常报道沿海岛屿发现新的海洋物种。马尼拉湾、比萨扬海、萨马海、巴拉望岛一带是菲律宾主要的海洋渔区；内湖、塔尔湖等则是淡水渔区，这些渔区的产量占全国的80%。菲律宾的渔业分为四个部分：传统渔业、商业渔业、水产养殖业和产后渔业。菲律宾每年3%~4%的GDP都由渔业来贡献，其中水产养殖仍有挖掘的潜力，今后的水产养殖，尤其是海洋养殖业的前景是广阔的。

---

①张学彪、聂凤英：《菲律宾畜禽产业发展概况》，载《世界农业》2010年第9期，转引自：http：//e-nw.shac.gov.cn/wmfw/hwzc/hygl/201012/t20101230_1286626.htm，查询日期：2011年2月10日。

四、菲律宾工业

菲律宾作为一个农业国，其工业并不发达，如钢铁、机械制造等重工业企业相对较少，同时技术实力和硬件设施在世界上仍处于相对落后的地位。因此，菲律宾着重发展的是轻工业，如制造业、采矿业等。制造业和农业一并被称为菲律宾国民经济的两大支柱，因此制造业是菲律宾工业最重要的部分。制造业主要集中在大马尼拉区，它集中了全菲小型工业企业的31%、中型工业企业的66%和大型工业企业的57%，其中大型工业多为外资企业。目前菲律宾工业总产值占国民生产总值的31.6%，从业人口占全国就业人口的15.6%①。

菲律宾的制造业是国民经济的支柱产业，而且是菲律宾相对传统的产业，第二次世界大战前美国殖民菲律宾时便在菲律宾着力发展制糖业、椰油制造业、卷烟等主要供出口的加工工业。菲律宾独立以后，政府采取积极的措施大力发展民族工业，以减少菲律宾对国际商品市场的依赖，在这一过程中，汽车装配、电气器材、医药、纺织、化学、电子等工业都开始发展起来。但基于国内对于生活用品和食品的消费和需求，菲律宾制造业主要还是将精力放在农产品加工业上。农产品加工业以食品加工业为主（包括粮食、渔业产品和畜产品加工业，但不包括饮料），1996年食品加工业占制造业增加值的37.82%，饮料加工位居第二，占4.16%（见下表）。

①马燕冰、黄莺：《菲律宾》，北京：社会科学文献出版社，2007年，第207页。

表2-1　菲律宾各产业1992及1996年各占制造业的比重

种类	1992 年	占制造业的比重（%）	1996 年	占制造业的比重（%）
制造业	373,562	100.00	554,052	100.00
农产品加工业合计	186,781	50.00	277,191	50.02
食品加工	133,274	35.68	209,559	37.82
饮料加工	15,849	4.20	23,053	4.16
烟叶加工	9,360	2.50	11,692	2.11
纺织加工	10,094	2.70	11,528	2.08
木材和软木产品	5,926	1.59	5,864	1.05
家具	4,813	1.29	7,021	1.25
纸及制品	3,040	0.82	3,921	0.70
皮革及制品	234	0.06	333	0.05
橡胶制品	4,191	1.12	4,220	0.75

资料来源：唐正平著：《菲律宾农产品加工业》，摘自http://www.farmers.org.cn/Article/ShowArticle.asp?ArticleID=1229，查询日期：2010年11月2日。

总体来说，制造业是菲律宾经济的重要支柱之一。然而与此相比，菲律宾的重工业一直以来处于较落后的阶段，没有较大规模的冶金工业和钢铁工业，设备和技术还需要引进，因此菲律宾的工业还有较大的发展余地。

菲律宾有丰富的矿产资源，主要包括：金、铜、镍、铝、铬、钴、银、煤和盐等。菲律宾铜矿资源非常丰富，1998年储量为700万吨，储量基础为1,100万吨。主要的铜矿床分布在北部吕宋山区的三描礼士、本格特、新比斯开和南部棉兰老岛的北苏里高（Surigao del Norte）、北三宝颜、东达沃（Davao

Oriental）、南哥打巴托（South Cotabato）省，以及中部地区的宿务等地。地质勘探工作显示，菲律宾仍存在大量的铜矿床和铜矿远景点。1995年新的矿业法颁布以来，菲律宾在铜矿方面有一些新的发现。菲律宾铬铁矿也很丰富。据菲律宾官方资料1982年铬矿总储量3,020万吨。铬铁矿主要存在于三描礼士和北苏里高的迪纳加特群岛（Dinagat Islands）。三描礼士的科托铬铁矿据信是世界上已知储量最大的难融铬矿。菲律宾2005年镍储量为94万吨（金属量），储量基础520万吨，菲律宾镍矿多为红土带（占99%）。由于大部分镍矿处在浅土层，易于开采且成本低。从地区分布看，集中在东达沃和巴拉望，矿石储量分别为4.757亿吨和4.071亿吨。菲律宾2001年钴金属量储量基础40万吨。钴通常与镍伴生，是生产镍的重要副产品。挪威Mindex ASA探矿公司在民都洛岛勘探发现资源量巨大的镍—钴矿，其镍金属含量1%，钴金属含量0.1%。铝土矿资源主要集中在菲律宾群岛中部的萨马岛地区，估计地质储量为2.42亿吨。[①]除此之外，菲律宾还有约1/4的陆地面积尚未被勘探，菲律宾政府相信这些未被勘测的地区还蕴藏着大量的矿产资源。菲律宾的矿业在对外贸易中占据重要的地位，2005年，菲律宾矿产品产值总计为9.08亿美元，其中金属矿产值为6.77亿美元，占总产值的74.5%。矿产品出口额为8.2亿美元（其中铜金属为2.83亿美元），占全国出口总额的2%。[②]据菲律宾《马尼拉公报》2010年9月15日报道，位于洛杉矶的美国耐克斯逊公司表示，将考虑继续向菲律宾矿业投资数十亿比索。该公司已对4家菲律宾矿业公司做出投资，并表示将加大投入用于铁矿石、钛和金矿勘

---

①《菲律宾矿业与投资环境》，详见http：//www.asean35.com/news/13160.html，查询日期：2010年11月2日。

②同上。

探。自2004年以来，菲律宾矿业所吸引的投资总计已达到28亿美元，因此可以看到菲律宾的矿业还具有很大的经济发展潜力。

菲律宾独立以来建筑业一直是政府非常关心的一项产业，恢复城市建设，完善基础设施的进程一直受到政府的大力支持，因此使得菲律宾建筑部门的发展相当迅速。然而由于政府的腐败使得建筑业在20世纪70—80年代受到了一定的打击。菲律宾的建筑业近年来有了较大的发展，2005年时建筑业拟定了许多大项目，如苏比克—克拉克—打拉（Subic-Clark-Tarlac）公路，南吕宋高速公路，怡朗、巴克劳德、卡加延机场等。从一些数据来看菲律宾的建筑业增长率虽然不高但是比较稳定，而且确实解决了一些住房问题和就业问题，对菲律宾社会的发展还是起到了一定的促进作用。制约建筑业发展的主要因素还是政府投入、国外投资不足和原材料的获得比较困难等。

五、菲律宾交通与通信

受到地理因素的制约，菲律宾的交通主要依赖于水路与航空，铁路和公路网并不发达。菲律宾海岸线长达1.85万公里，航道总长达3,219公里，并且拥有许多优良港口，使得航运有得天独厚的条件。马尼拉、宿务、卡加延等国际港口承担着菲律宾的对外贸易，其中马尼拉港是全国最大的港口。这些主要港口的设施齐全、吞吐量大、贸易频繁、效率很高，是理想的贸易港口。但是菲律宾航运存在的隐患是岛际之间的航运设施相对落后，安全系数较差，还有待进一步发展。菲律宾航空运输比较发达，航线遍布全国各大主要岛屿，国际航线也较多，而且国内航班的费用也相对便宜。

菲律宾的通信业比较发达，目前电信业有菲律宾长途电话（PLDT）和环球通信（Global）两大公司以及其他几家运营商，但是PLDT占据着大量的市场，这样的局势非常不利于整个通讯业的竞争与发展。目前菲律宾的通信设施发展良好，但是普及率不是太高，还有很多落后的地区并没有固定电话、移动电话、有线电视等平台。菲律宾人非常喜欢发短信，由于其短信使用频率远远高于其他国家地区，因此菲律宾也有“无线冠军”（Wireless Champion）的称号。

六、菲律宾服务业

服务业是菲律宾国民经济的另一重要支柱，整个服务业占据国民生产总值的大约50%。服务业既包括传统的商业、运输、餐饮、教育、娱乐、电信、金融、保险等部门，也包括旅游、服务外包、劳务输出等新兴的部门。尤其是20世纪90年代以来，菲律宾的服务业一直稳步发展，不仅为众多的菲律宾人创造了就业机会，提高了生活水平，也成了带动国内经济发展的中坚力量。2010年菲律宾新增9万个就业机会，超过2009年的7.4万个。9万个就业机会中，呼叫中心占55%，其余业务包括财务、人力资源、工程、软件和IT以及药剂师和律师服务等。2010年外包服务业产值达到90亿美元，比2009年的72亿增加25%。由此可见菲律宾服务业的经济地位。①

在传统服务业中，商业是历史最悠久的。早在中国的唐宋时期菲律宾就已经开始了岛际间的贸易，明代时期菲律宾的中国移民数量不断增加，大多都是经营商业。因此早期的商业市场都是被中国移民所占据，独立之后政府为了保护菲律宾本土经济推行了一系列的零售法案来限制华人对于商业的掌控。目前菲律宾街头随处可见零售小店贩卖各种食品、饮料、烟酒等

①数据引自《菲律宾外包服务业预计2010年新增9万就业机会》，http：//finance.ifeng.com/roll/20100223/1847413.shtml，查询日期：2010年11月15日。

商品，这些小店大多是家庭经营的。除此之外，城市商业区还林立着许多大型的购物中心，如马尼拉Makati区的Green Belt和SM Mall of Asia都是菲律宾人常去的购物场所。这些购物中心不仅提供商品，同时也设有电影院、咖啡厅、娱乐中心等设施，与发达国家的购物中心并无两样。对于菲律宾人来说，逛商场的意义并不仅仅在于购买商品，娱乐休闲、享受购物中心提供的免费服务对于菲律宾人，特别是对于并不是很富裕的菲律宾人来说是常见的休闲活动。

菲律宾的另外一个重要的服务部门就是旅游业。菲律宾的地理环境决定了菲律宾的自然景观、生物多样性可以为国家提供大量的旅游资源。西班牙、美国的统治，大量的中国移民使得菲律宾成为了东西方文化的交汇点，遗留了许多文化风俗以及历史遗迹。旅游业每年为菲律宾贡献8%~10%的国内总产值。菲律宾比较著名的旅游景点有：马尼拉、巴纳威梯田、巴拉望岛、长滩岛、保和岛等。

服务外包和劳务输出是菲律宾服务业中非常重要的组成部分。服务外包是20世纪90年代以来兴起的产业，即公司将工作项目对外承包给其他国家的技术人员和相关领域工作者完成。其业务双方往往是发达的资本主义国家将工作承包给第三世界国家。菲律宾在服务行业具有优势，这方面起步较早，是重要的外包服务国家之一，而且在该领域已取得了丰富经验。首先菲律宾拥有比较充足的人才资源，而且每年都在增加，遍布软件、多媒体、会计、商务管理等领域。同时菲律宾采用西方的教育模式，绝大部分人精通英语，可以很好地适应国际间服务外包的趋势。菲律宾政府也非常鼓励菲律宾发展服务外包，以此来增加国家的收入。目前菲律宾比较著名的服务外包业有：呼叫中心、电脑软件开发、动画制作等。尤其是呼叫中心和动画制作领域，仅美国在菲律宾设立的呼叫中心就多达46家；菲律宾曾经为迪士尼、HBO等公司提供过动画制作服务，主要作品有：Schooby Doo、The Mask等。据菲律宾贸工部消息，2006年，菲律宾外包业务收入达到36.3亿美元，从业人员244，675人，至2010年外包业务收入猛增至124亿美元，从业人员达到9,200,764人。菲律宾呼叫业务发展迅速，收入达到26.9亿美元。菲律宾政府也积极鼓励扩大对一些较复杂行业的投资，如会计、软件、工程和建筑设计、医疗、法律以及动画片制作等。①

除了服务外包，菲律宾还向全球194个国家和地区输出劳务人员，是世界上重要的劳务输出国。自20世纪90年代末期起，菲律宾每年向海外输出的劳务人员都超过80万人，且输出量逐年增加。据菲律宾官方统计，截至2003年年底，在海外的菲律宾人约有776万。其中，合同劳务人员338.5万，移民和定居者286.5万，非法工作或居留者151万。海外劳务为菲律宾经济发展作出了巨大的贡献，2004年由海外劳务人员汇回菲律宾的收入就达到85.5亿美元，占菲律宾GDP的10%。庞大的海外汇款，有力支持了菲律宾国内金融市场。由于海外劳工对菲律宾经济发展的贡献举足轻重，政府将每年的6月7日定为海外劳工日，以资纪念和表彰海外劳工为菲律宾社会建设所作出的贡献。政府给予海外劳工崇高的荣誉，将他们称为“现代英雄”。②中东地区是菲律宾劳务输出的主要市场，这一地区对建筑、医疗、运输、家庭服务等领域的人员需求量比较大，而菲律宾针对此类领域人员的培养刚好满足了这些需求。沙特阿拉伯拥有

①胡锋锐：《菲政府预期2010年外包业务将大幅上升》，http：//info.caexpo.com/zixun/dongmmy/2008-04-29/11662.html，查询日期：2010年11月15日。

②《菲律宾的海外劳务》，http：//www.feilvbin.com/flbhwlw.htm，查询日期：2010年11月15日。

近百万的菲律宾劳工，是菲律宾最大的劳务输出对象。东亚、东南亚是菲律宾的第二大劳务输出市场，日本、新加坡、中国香港有大量的菲律宾劳务人员，主要从事家庭服务、教育和建筑业。欧美也是菲律宾劳务的主要输出对象，在美国，菲律宾人从事医护、教育工作。据统计，美国社会的外国就业者平均收入排名菲律宾人位居第二，紧随日本人之后。菲律宾人能够从事海外工作，与其自身的优势是分不开的，首先菲律宾人从小就接受双语教育，保证了菲律宾在海外的沟通流畅；菲律宾的教育普及率比较高，而且在海外从事劳务工作的不仅仅是文化程度一般的菲律宾人，许多大学生毕业后往往向海外寻求工作；菲律宾非常重视专业技术的培训，领先的业务水平提高了菲律宾劳务工作者在海外的竞争力，也是其保持长盛不衰的秘诀。菲律宾人在海外寻求工作往往是因为海外的就业机会或者收入情况比国内好，然而他们的收入并不完全用于国外的花销，大多数海外劳务工作者在国内都有家庭，因此大量的汇款从世界各地不断地汇往菲律宾。从不同职业群体对菲律宾海外汇款的贡献来看，按海外汇款总量分析，来自服务人员、专家和技术人员、制造业工人的汇款列在前三位；按人均汇款额分析，经理和高级管理人员、专家和技术人员、制造业工人的汇款额排在前三位。人均汇款额的多少也反映出不同职业海外劳务人员收入水平的高低。①政府方面表示出对菲律宾劳务输出的大力支持，一方面提出各种管理条例来规范菲律宾的劳务输出市场，另一方面着手成立劳工保护组织，出台劳工福利保护的法案，来维护这些“现代英雄”的权益。菲律宾社会上也有大量

---

①《菲律宾的海外劳务》，http：//www.feilvbin.com/flbhwlw.htm，查询日期：2010年11月15日。

的关于海外劳务人员的电影、纪录片、文学等，在菲律宾人心目中，这些为了抚养家庭，背井离乡独居海外的劳务人员体现了菲律宾人重视家庭、敢于担当的品质，是菲律宾人的榜样，是国家的骄傲。

第三章
社会文化

本章导读

☆在西班牙殖民统治之前，菲律宾群岛就拥有灿烂的原始文化，这些独具特色的本土文化多以口头流传的方式保存于史诗、谚语、民间故事中。菲律宾在历史上受到了印度文化、中国文化、阿拉伯文化的影响；西班牙、美国的殖民统治也给菲律宾留下了很多文化遗存。现代菲律宾既有光鲜的大都市文化，也有质朴的乡野文化。

第一节 原始文化和早期文化

一、旧石器时代

在西班牙人到来之前，菲律宾群岛就已经累积了厚重的原始文化。考古发现为我们勾勒出史前菲律宾群岛上的人类活动和区别于现代的远古文化。菲律宾人民经历过漫长的原始社会。早在40万年前，菲律宾群岛上就有菲律宾古代先民繁衍生息。那个时代的菲律宾海陆分布情况与现在不尽相同：海面高度比现在要低，陆地的面积比现在要大得多。当时，菲律宾南部有三条陆桥可以与东南亚其他地区相连。棉兰老岛与现在印尼的苏拉威西岛之间有大陆相连，巴拉望岛、苏禄岛都可以通往现在印度尼西亚的加里曼丹岛，加里曼丹等地在当时也与亚洲大陆相连。

位于吕宋岛北部的卡加延河谷、巴拉望岛是菲律宾远古人类最早居住的地方。1936年，在卡加延河谷偶然发现的古代哺乳动物的腭骨化石表明这里的远古人类曾经猎杀菲律宾犀牛、原始象等哺乳动物。巴拉望岛上的洞穴中出土的工具及其他人造制品证明在旧石器时代晚期，生活在2万多年前的塔崩人（Tabon）曾经靠采集食物为生，并没有猎捕大型动物的迹象。荷兰籍的德国古生物学家孔尼华（G.H.R.Von Koenigswald）于1958年发表文章肯定卡加延河谷曾存在过一种石器文化，定名为“卡巴尔瓦尼安文化”。1970年，菲律宾国家博物馆在卡加延进行大规模的系统发掘，根据遗址集中区域的名称将卡加延石器文化改名为“里湾尼安文化”，并推测原始人用“锤击法”制造石片石器，还会用“刮削器”砍开兽脑、剔取骨髓等等。在菲律宾另一处旧石器时代遗址塔崩洞，出土了很多小型哺乳动物的化石，如蝙蝠、野鸟。考古学家推测，塔崩人以食物采集为生，这些小型动物可能是塔崩人捕食的对象，因为在今天的巴拉望，居民仍然有捕杀蝙蝠为食的习惯。

二、新石器时代

公元前5,000年左右，菲律宾群岛的各个部落先后进入新石器时代。菲律宾群岛上的人们已经使用磨制石器进行烧荒耕作、种植块茎作物，甚至种植旱稻，并通过捕鱼、打猎等方式生存。也是在那个时期，菲律宾开始有了嚼槟榔的习惯，开始使用竹子。新石器时代晚期，菲律宾各地出现了大量有肩石器、有段石器，当时的菲律宾人不仅能制造更多种类的石器，而且还能加工玉器、贝壳饰物。较有特色的是，考古学家从菲律宾墓葬遗址中发现，新石器时代晚期菲律宾人对死者尸体的处理已有一套完整的仪式，其主导思想是祖先崇拜和灵魂信仰。①由于对祖骨的崇拜，菲律宾群岛有“二次葬”的习俗——人死之后，先经过一次葬，等肌肉腐烂后，再由生者捡拾遗骨安放到瓮棺里，送到山崖、洞穴边的墓地长久安放。第二次放入瓮棺的多是死者的一部分遗骨（头盖骨、牙齿、肢骨等），经过清洗、涂抹赤铁矿，有时还放置随葬品。二次葬的瓮盖上一般会有一艘陶制的船，名为“死者之舟”。各种丧葬方法表明，当时的人们已经有灵魂信仰，相信死后灵魂将到另一个世界中去。

三、金属时代

公元前700年左右，菲律宾进入金属时代。菲律宾人开始

①金应熙主编：《菲律宾史》，郑州：河南大学出版社，1990年，第16页。

使用带柄的小刀、建筑堤坝围田、积贮雨水用于灌溉、栽种水稻、兴建梯田。由于金属时代铁器得到普遍使用，竹子这种资源能够很方便地利用起来：房屋的竹墙、竹地板、制药、竹制食具、竹制饮具、竹制家具、竹制乐器等等，甚至还有竹枪、竹弓等武器。竹子在菲律宾这个热带国家的人们的日常生活中扮演了重要的角色。在菲律宾古老的神话传说中，人类的一对男女祖先马拉卡斯（Malakas，“强壮”的意思）和玛甘达（Maganda，“美丽”的意思）是从竹节里“蹦”出来的。

第二节　东方文化对菲律宾的影响

菲律宾作为东南亚海岛地区的重要一部分，很早就处于东西方互通的贸易航线上。菲律宾的文化是一种融合了东方与西方，古代与现代的多元文化。在公元10—16世纪这段时间里，菲律宾同亚洲邻近国家的联系加强，社会的各个层面受到亚洲几大古老文化传统的影响，这些影响延续至今，成为菲律宾多元文化的一种体现。

一、印度文化

印度作为东方的文明古国，其灿烂文化对菲律宾产生了巨大的影响，然而地理上菲律宾与印度的距离较远，交通不便，因此这种影响是间接的。公元7—15世纪，雄霸东南亚的两个海上国家室利佛逝（Srivijaya）、满者伯夷（Majapahit）间接地向菲律宾传播了印度文化。文化的影响是相互的，在传播过程中，印度文化所经之处也反过来不断影响着印度文化本身，印度文化到达菲律宾的时候，已经不是纯粹的印度文化了。

印度文化对菲律宾的影响主要体现在语言文字和宗教传播上。以胡安·弗朗西斯科（Juan R. Francisco）为代表的菲律宾学者认为，菲律宾的古代文字“巴伊巴因”源于南印度的一种写在棕榈叶上的文字。菲律宾人书写文字也使用树皮、芭蕉叶等等作为纸材。曾有南洋史学者在菲律宾考证出早期菲律宾人的服饰、语言都曾受过印度文化的影响，即使是现在的菲律宾语中，也有不少词语来源于梵语。如：

表3-1　菲律宾语中部分词与梵语对照表

菲律宾语	意义	梵文	意义
alak	酒	arak	酒
bahala	命运	bahala	命运
diwa	灵魂	jiwa	灵魂
dukha	贫苦	dukkha	苦
guro	老师	guru	老师
katha	创造	katha	创造
maharlika	贵族	mahardhikka	贵族
mukha	脸	mukha	面（脸、口）
hina	弱小	hina	小的
pitaka	钱包	pitaka	钱包

当然，有些梵语词汇在传播途中受到马来语的影响，已经变化很多，所以不少菲律宾语的词汇已经说不清是源自梵语、马来语抑或是爪哇语。不过，可以确定在公元900—1,000年间，印度词汇传入了菲律宾群岛。

佛教和印度教也在这个时期通过一些东南亚的古国传到菲律宾。考古学家曾经挖掘出早期菲律宾人使用的刀，柄上雕刻着佛像与莲花的图样。在棉兰老岛西部的阿古善（Agusan）河的岸边，曾经出土一尊纯金的菩萨像，种种史迹皆可证明佛教曾在菲律宾出现过。当然，由于伊斯兰教、天主教的传入，佛教后来在菲律宾销声匿迹，现在菲律宾的佛教徒则是受近代汉传佛教的影响。

二、中国文化

中国文化对菲律宾的影响最早可以追溯到新石器时代。从某种程度上来说，由于来自中国南方的移民数量巨大，因此中国文化对菲律宾的影响比印度文化要更为深远。在菲律宾考古发现的大量中国瓷器证明从公元10世纪开始，中国文化对菲律宾的影响日益加深。与印度文化不同的是，中国文化对菲律宾的影响是直接的。唐代、宋代有中国商人直接坐船到菲律宾贸易，他们带去了我国福建、广东、江西、湖南、浙江的瓷器，包括碗、碟、瓶、壶等各种生活用品。至今，在菲律宾出土的中国瓷器已有上万件。

与菲律宾当地人闲散的性格相比，华人任劳任怨，从早到晚地工作，甚至在夜间睡觉时还在店铺门口拴一根绳子，绳子的另一头牵着自己的手。若有顾客前来，在门口拉绳即可叫醒店主。这种勤勤恳恳的经营理念让华人在菲律宾的手工业、制造业、餐饮业获得了很大成功。同时，华人也带去了采矿技术、雕刻技术，以及一些休闲娱乐活动。

随着亲身参与菲律宾社会，华侨华人身上的“中国元素”也逐渐融入菲律宾的日常生活。在饮食方面，中国的米粉、米线、炒面、烧包、糕饼、春卷、茶、面汤等饮食在菲律宾受到欢迎，至今仍然是菲律宾人日常的食物。现在在菲律宾的大街小巷都能看到中国餐馆，而且老板也多是来自福建、广东，给当地华人一种宾至如归的感觉。菲律宾语当中的petsay（白菜）、tikoy（甜糕）、toyo（豆油、酱油）、bakya（木屐）、kuchay（韭菜）、togue（豆芽）、lomi（卤面）、bihon（米粉）等单词直接来源于早期福建移民的闽南话发音。

在农业技术方面，水车、水磨等农业生产工具也由华侨传入，并在菲律宾农村中广泛使用。华人还带来了榨蔗取糖、嫁接果树、珠宝加工等手工业技术。在社会生活方面，中国的家庭伦理观、亲属称谓也在菲律宾得到传播。宗教方面，华人为菲律宾人带来了汉传佛教。由于早期在菲华侨之间喜欢聚居，互相之间又有许多生意上的往来，因此华人家中供奉的观音菩萨成为附近街坊邻里民间信仰的中心，后来观音信仰传播渐广，发展为坐落于奎松的观音堂，即现在的马尼拉观音寺。与马尼拉观音寺建成的过程类似，位于三宝颜市的福泉寺、位于巴科洛德（Bacolod）的圆通寺也是最初由一些华侨从中国请来观音菩萨供奉，随之流传开来，成为菲律宾华人普遍的信仰对象。这三座观音庙是菲律宾最早的三座寺庙。这个时期菲律宾华人普遍拥有观音信仰，而正式的佛教传入大约在20世纪30年代。1931年，华侨界佛教人士吴江流、翁振文等发起“旅菲中华佛学研究会”，是菲律宾最早成立的佛教组织团体，后改名为“旅菲中华佛学会”，最后改名为“旅菲中华佛教会”。1936年，佛学会在马尼拉兴建“大乘信愿寺”。建成之初，侨民只将其当作一般的祭祖、聚会场所，未能发挥其正统寺院的功用，因此旅菲中华佛教会首任会长吴江流居士礼请厦门南普陀寺的性愿法师至菲律宾弘法。后来觉定法师、如满法师、瑞今法师、善契法师等都曾南渡菲国，为菲律宾佛教的发展作出贡献。大乘信愿寺规模越来越大，菲律宾其他地方的佛寺也逐渐增多，一些佛寺还兴办学校，比如华藏寺、信愿寺合办的菲律宾能仁学校在妙钦法师用毕生精力推动下，由小学部开始，增设幼儿园、初中部、高中部，也为华人教育写下了浓重一笔。

现在的菲律宾佛教徒大约占菲律宾总人口的1%~3%（约100万人），而且大多是华人。菲律宾各地尤其是华人聚居的城市都有佛寺，除了大乘佛教外，还有一部分华人信奉藏传佛教。

三、阿拉伯文化

作为亚洲古老文明的代表，阿拉伯文明在历史上对菲律宾也产生过重大影响。它的传入在时间上比印度文化、中国文化要晚，却是整个世界范围内伊斯兰扩张运动的一部分，势头强劲。

在12—14世纪，来自波斯湾、印度南部马拉巴尔海岸的穆斯林商人沿贸易航线来到东南亚，形成了很多穆斯林定居点，其中也包括菲律宾南部的很多地区。约在13世纪末，在苏禄岛的霍洛（Jolo）已经出现了穆斯林聚居地。《苏禄世系表》（Genealogy of Sulu）中记载了一些外来的穆斯林与当地首领的女儿结婚，苏禄人开始遵循伊斯兰教的风俗习惯。随着商业贸易的往来，语言的交流也活跃起来。菲律宾语中的部分词汇如alamat（传说）、salamat（感谢）、apo（子孙）、sulat（信）、bukas（明天）、hiya（羞愧）等都源于阿拉伯语词汇。

13世纪末年，已经有不少穆斯林移民在苏禄定居，部分是商人。这些商人在菲律宾南部传播对真主的信仰，引导人们走进清真寺礼拜。1380年，第一位到达菲律宾的阿拉伯传教士卡利姆·马克杜姆（Karim ul' Makhdum）来到苏禄，吸引了许多人听他讲经。位于棉兰老的西穆努尔岛（Simunul）上的马克杜姆清真寺（Sheik Karimal Makdum Mosque）是菲律宾第一所清真寺。随着传教活动的加强，苏禄、棉兰老地区相继建立起伊斯兰教政权，实行以伊斯兰教经典《古兰经》为根本准则的法律。15世纪初，赛义德·艾布·巴克尔（Sayyid Abu Bakr）建立了苏禄苏丹国，成为第一位苏丹，至此，伊斯兰教在苏禄的地位确立。与苏禄岛的情况类似，以马京达瑙为中心的棉兰老岛也很快伊斯兰化。伊斯兰教甚至传到了吕宋岛的马尼拉，虽然有部分人开始接受《古兰经》的教导，然而吕宋岛的大部分居民仍保有万物有灵的信仰。

1565年，随着西班牙人在菲律宾建立殖民政权，伊斯兰在菲律宾的传播遇到来自殖民者天主教文化的冲击。西班牙人通过武力成功占领马尼拉，使当地人民放弃伊斯兰教，放弃灵魂信仰。在不到一百年的时间内，天主教在菲律宾中北部已经得到普及，因此伊斯兰教止步于菲律宾南部棉兰老岛、苏禄地区。今天，这些地区统称为“棉兰老穆斯林自治区”（ARMM），执行伊斯兰教的风俗习惯，如禁食猪肉，允许一夫多妻，实行礼拜等等。伊斯兰教的学校也相继建立，人们在学校学习阿拉伯文，接受《古兰经》的教导，形成了与菲律宾主流社会相异的文化。目前，穆斯林约占菲律宾总人口的5%（约400万）。

第三节　西班牙殖民之前的菲律宾本土文化

西班牙人于16世纪到达菲律宾，在这之前，菲律宾社会的发展程度因各个地区自然条件、经济状况的不同而相差很大。一些内陆地区存在着比较原始的公社制，而在南部苏禄群岛和棉兰老岛，阶级社会已经确立，更多的地区处在原始社会解体的过渡状态。

据估计，菲律宾人口在西班牙殖民时期之前不足100万。菲律宾社会以“巴朗盖”作为最基本的组织形式。巴朗盖是最小的社会组织单位，它至今仍然保留了下来，每一个城市由大大小小的巴朗盖组成，据2006年的统计显示，全菲律宾共有41,995个巴朗盖。

西班牙人于16世纪到达菲律宾，他们发现，当地虽然岛屿众多、人们居住分散，却生活在巴朗盖的独立村庄内，并用这种方式很好地组织起社会生活。一个巴朗盖由50~100户家庭组成，所辖范围有30~100间房屋，人口在100~500人之间。当然也不排除有极小规模的巴朗盖。亲属关系在巴朗盖的形成中起到了很大作用，把巴朗盖的成员紧密地联系在一起。

许多巴朗盖建立在海边、河边，因为海洋、河流能够为人们提供鱼虾等食物，也能够为洗澡、洗衣提供水源。更重要的是，人口的流动、迁徙有时也沿着海岸线或者河流。因此，当地许多人的生产生活离不开船。菲律宾的造船技术很早就达到了相当高的水平，甚至发展出独特的“船文化”。除了在“二次葬”的瓮罐上雕刻“死者之舟”以外，在比萨扬等地区的巴朗盖首领死后还要求葬在船形棺材里。现在，菲律宾的船体积不大，马力也很小，大多竖着桅杆、挂着风帆。船体两边向外伸出多只竹制的“脚”，由于这种特殊的外形，菲律宾人称之为“螃蟹船”。这些类似于螃蟹伸出的“脚”对船体起到良好的稳定和平衡作用。

通常人们的贸易往来发生在交通便捷的地方，比如来自中国、印度、阿拉伯的商人会在沿海地区与菲律宾当地人进行以物易物的贸易。因此，像马尼拉、班乃、宿务、霍洛、武端这些临近河流、海洋的地方，成了贸易最先繁盛的地点，也最先受到外来文化的影响。

由于菲律宾气候潮湿、台风多，菲律宾人通常住在“杆栏式”的高脚屋里，在当地被称作“库波屋”（bahay-kubo）。“bahay”是家、房子的意思，“kubo”指小屋、棚屋。“库波屋”一般是木制或竹制的，由四根柱子撑起，离地面有一定距离，这个空间被用来饲养猪、鸡等家畜。沿台阶进到屋内，是人们起居、生活的空间。屋顶由芭蕉叶或茅草覆盖，高度不算高，也是防止被强力的台风刮倒。

菲律宾北部多山，山区的人们根据当地地理环境的特点耕种高山梯田。通过世代耕垦梯田所形成的梯田文化是菲律宾本土文化的特色之一。以伊富高、卡林阿等民族为代表的菲律宾山地民族利用原始的劳动工具在山脉之中筑起宏伟的层层梯田，修筑水渠引山泉、溪流、河流灌溉，种植水稻。在多处梯田中，以伊富高人在巴纳威附近所辟梯田的规模最大，其面积约有400平方公里，若将层层梯田连在一起，其长度将超过地球圆周的一半，被称为世界上最大工程之一。巴纳威梯田修建在深谷之上，由山脚的河床直达山顶，整个山坡呈层级阶梯状，每级都是平坦的大块田地，每级之间以巨石垒砌。梯田的开筑、修补、翻整一般由男性完成，妇女们担任插秧等细活。梯田不仅可以种植水稻，还能种植甘薯、玉米等等农作物。

菲律宾人有嚼槟榔的习惯，他们通常将槟榔、石灰混在一起用叶片包裹放入口中嚼食，嚼至口液如血再吐出。长期嚼槟榔会使牙齿变黑，菲律宾的一些民族甚至将牙齿染黑，以此为美。山地民族还会以交换槟榔作为礼节，在婚庆仪式中，敬嚼槟榔也是必不可少的程序之一。菲律宾人还有文身的习惯。起初，只有那些在猎头活动中为自己部族立下功劳的人才可以被文身。后来，任何人都可以自由地在胸部、手臂、背部、脸部刺上花纹。菲律宾人的文身技艺非常高超，图案复杂而精美。

与文身这一习惯相伴随的是猎头的习俗。这些山地民族所特有的风俗曾经为平原民族所惧怕。他们因求婚、报仇、愤怒、寻求尊敬等原因而采取杀人取头颅这种最原始最直接的表达方式。随着时代的发展，猎头的习俗已经逐渐被摒弃，出于祭祀、仪式等目的的猎头行为，也往往用水牛头取代。

牛在菲律宾传统文化中的地位很高。人们在西班牙殖民时期就蓄养水牛以协助农业生产活动。尤其在菲律宾北部的吕宋平原上，水牛是耕田犁地的好帮手。除此之外，水牛的皮能够做成很多用具，甚至包括古代菲律宾人的战甲。现在的吕宋地区，人们会在五月庆祝“水牛节”（Kalabaw Festival），节日期间，农夫们将精心装扮的水牛带至教堂接受祝福，并赶着牛群游行，各家各户的水牛还参加各种比赛，同台竞技。菲律宾人民认为水牛象征着他们吃苦耐劳的良好品德。

另一种在菲律宾广受欢迎的动物是鸡。菲律宾民间流行斗鸡比赛。有规模较大的斗鸡场，在农村也常见三三两两聚在一起斗鸡的情景。鸡的主人分别抱着自家的鸡，鸡的腿上缚有刀片，放入围栏内让其互相厮杀，其场面惊险残酷。

在文学方面，西班牙人到来之前菲律宾几乎没有书面的文学成果，但口传文学却非常丰富。比如，生活在吕宋岛北部科迪勒拉山区的伊富高人除了以开垦梯田闻名以外，还以唱诵《呼德呼德》（Hudhud）史诗而为人所知。《呼德呼德》千百年来以口头传诵的形式在伊富高人当中流传。《呼德呼德》是人们在种植水稻、开通沟渠等劳动过程中齐声歌唱的长篇史诗，一般由年长的女性领唱，众人合唱，整齐的节奏让枯燥的农活瞬间变得生动起来。“呼德呼德”讲述的是两个部族之间的爱恨情仇，其中的主人公阿里古荣（Aliguyon）、彭巴哈荣（Bumbakhayon）是伊富高人心中的英雄，人们虔诚地相信他们真实地存在，在伊富高地区生活过，并将他们的英雄事迹津津乐道、口口相传。尽管基本情节不变，《呼德呼德》衍生出很多个版本。《呼德呼德》甚至已经超越了一部明确的口头史诗或者民间文学作品，而是一种覆盖面极宽、表现形式丰富、民众广泛参与的综合性的“呼德呼德文化”[①]。许多人类学家、语言学家在伊富高地区搜集《呼德呼德》的不同版本，并翻译成英文，刊行发表。在北吕宋的伊洛哥地区流传着史诗《蓝昂的一生》（*Biag ni Lam-ang*）。它是用伊洛戈语吟唱的民间史诗，在1640年左右由吟游歌手佩德罗·布卡内（Pedro Bucaneg）在民间收集、转写、记录形成文本。史诗的主人公蓝昂一出生就显示出非凡的能力，他给自己取名为蓝昂，九个月大的时候就离开母亲纳摩安（Namongan）出门寻找失踪的父亲唐·胡安（Don Juan），凭借梦中的场景，蓝昂找到自己死去的父亲，勇敢地与杀父仇人决斗，为父亲报了仇。之后蓝昂与自己心爱的姑娘伊内丝·卡诺延（Ines Kannoyan）举行了盛大的婚礼。史诗表达了伊洛戈人民对英雄主义的崇拜，英雄蓝昂走进充满未知的森林，遇到各种各样的怪兽，所幸得到了许多具有神力的动物的帮忙，这些动物有猫、狗、鸡等，都是伊洛戈人民所熟悉的动物。史诗《蓝昂的一生》现在已经被翻译成多种语言，被视作菲律宾殖民统治时期之前本土文学的代表作。

棉兰老岛上的穆斯林少数民族之一马拉瑙人则以吟唱《达冉根》（Daragen）而闻名。《达冉根》史诗共有17部，总计72,000多行，2005年被列入联合国教科文组织世界濒危文化遗

---

①史阳：《呼德呼德——菲律宾伊富高人的口头非物质文化遗产》，载《东南亚研究》，2007年第5期。

产名录。《达冉根》讲述了马拉瑙民族的光辉历史，运用象征、暗喻、讽刺等艺术手法，探讨了生死、爱情、政治和美等人类文化的永恒主题。同时在史诗中也蕴含着马拉瑙民族所奉行的法律、社会准则、习俗、民族传统、美学观念和价值观，是现代人了解殖民之前的菲律宾文化，尤其是少数民族文化的珍贵史料。

可以看出，菲律宾成为西方国家殖民地之前所拥有的文学形式多以口头文学为主。在大量代代相传的史诗、神话、传说、民间故事之中，像《呼德呼德》、《蓝昂的一生》这样经人转写、记录下来的只是少数。菲律宾中部小岛民都洛上居住的芒扬人就有诗歌《安巴罕》（*Ambahan*）流传下来，这些长约7个音节的短诗读起来节奏优美，带有韵脚，这些诗歌是用当地早期文字写在竹节或竹板上的。在西班牙殖民统治之前，菲律宾文学中未曾有过现代意义上的戏剧。不过学者认为伊富高族人民在婚礼上的“者朗”仪式（Ch’Along）有几分戏剧艺术成分。①

精神信仰方面，与东南亚许多本土民族类似，菲律宾人信仰“万物有灵”——不仅人有灵魂，动物、植物、高山、河流、石头、树木乃至闪电、雷雨都具有灵魂。神灵也有善恶之分，人们喜欢善灵，认为恶灵会给人带来不幸、厄运、疾病、死亡。在信仰的实践方面，菲律宾民族主要通过实施巫术活动来感应神灵的指示以达到占卜、治疗等目的。菲律宾各民族的古代神话传说中有许多关于宇宙形成、神灵创世的描述。比如：人类初始，天低得伸手可以触摸，使人们劳作十分不便。一天，一位老妪捣米，木杵总是碰到天空，气得她拼命捣个不

---

①英奇：《菲律宾文学概貌》，载《南洋问题》，1986年3月。

停，于是天空被杵到今天这么高。①又如菲律宾萨马人的宇宙起源传说：从前，无边无际的大海上漂浮着一个球体，一天，球体按上帝的意志分成两半，上面一半向上升起，最后变成七重天；下面一半向下降落，最后变成七层地。②而他加禄人则相传宇宙初始，没有大地，鸟儿无处栖息，便挑起了海洋和天空之争，天空向海洋进攻，投下许多巨石，从此，海上出现了群岛，形成了大地。③对于日、月、星星、雷电、地震、火山等自然现象，菲律宾各族人民也给出了自己的解释。例如在他加禄人的神话传说中，星星来源于贪婪的月亮神与太阳神争夺地盘，被太阳神打得七零八落，月亮身体的碎片变成了星星。在伊洛戈人的心目中，火种是一个叫胡安的人偕同老虎和青蛙，运用智慧从巨人那里盗来的，从此夜晚也拥有了光明。这些朴实而又充满趣味和智慧的神话传说展现了菲律宾本土各个民族的世界观，也刻画了菲律宾人对宇宙天地和自然事物最初的想象。

第四节　西方文化对菲律宾的影响

自16世纪开始，西班牙人来到菲律宾，并建立起长达333年的殖民统治。之后美西战争中西班牙战败，菲律宾又经受了长约50年的美国统治。可以说，西方文化伴随着殖民统治这样一种强硬的、直接的方式对菲律宾文化产生了影响。

---

①张玉安：《东南亚神话的分类及其特点》，载《东南亚纵横》，1994年第2期。
②张玉安：《东南亚神话的分类及其特点》，载《东南亚纵横》，1994年第2期。
③张玉安：《东南亚神话的分类及其特点》，载《东南亚纵横》，1994年第2期。

一、西班牙殖民统治的文化影响

受西班牙殖民统治三百多年，西班牙文化对菲律宾的影响可谓极其深远。

西班牙人面对菲律宾当地人居住分散、流动性强的社会状况，首先仿效在美洲殖民地建立的行政管理体制，采取“移民并村”（Reduccion）政策，建立起分级的行政统治机构。菲律宾群岛的社会生活秩序因此遭遇到颠覆性的改变。菲律宾人被要求集中居住在较大的市镇里，原先的不少山地民族也被要求迁到沿海、低洼地区，方便殖民管理。菲律宾现在的很多省份名称也是沿用西班牙时期的称呼，比如新维斯盖亚省（Nueva Vizcaya）、新怡诗夏省、奎松省、内湖省、伊莎贝拉省（Isabela）、奎里诺省（Quirino）、奥罗拉省（Aurora）、拉乌尼翁省（La Union，又称联合省）、马林杜克省（Marinduque）、安蒂克省（Antique）、西内格罗斯省（Negros Occidental）、东内格罗斯省（Negros Oriental）、康波斯特拉谷省（Valle de Compostela）。

西班牙殖民者在市镇中心位置陆续建立起一座座教堂、市政厅、学校，将菲律宾人拉入“政教合一”的社会生活。“政教合一”的“教”自然指的是西班牙的罗马天主教。在殖民政府建立后不久，西班牙派出五大教团先后抵达菲律宾进行传教活动，以“精神征服”的方法取代在美洲殖民地血腥的“暴力征服”。奥古斯丁会、方济各会、多明我会、耶稣会、奥古斯丁重拯会派遣传教士在各自负责的区域传教，建立主教区（archdiocese）、教区（diocese）的教会组织制度。天主教在菲律宾广泛传播，现在的菲律宾分为16个主教区：卡克莱斯（Caceres）、卡加延德奥罗（Cagayan de Oro）、卡皮斯（Capiz）、宿务（Cebu）、哥打巴托（Cotabato）、达沃（Davao）、哈罗怡朗（Jaro Iloilo）、林加延-达古潘（Lingayen-Dagupan）、里巴（Lipa）、马尼拉（Manila）、新赛格维亚（Nueva Segovia）、奥萨米兹（Ozamiz）、帕罗（Palo）、圣费尔南多（San Fernando）、土格加劳（Tuguegarao）、三宝颜（Zanboanga）。每一个主教区下面又分许多教区，管理着菲律宾人民日常的宗教生活。西班牙时期创建的教会学校也延续至今，比如建于1611年的圣托马斯大学（University of Santo Tomas， UST）是世界上规模最大的天主教学校之一。教皇保罗六世（Paul Ⅵ）曾于1970年11月访问圣托马斯大学，教皇约翰保罗二世（John PaulⅡ）于1981年、1995年两次访问该大学。教会在菲律宾的影响力除了体现在教育方面，也在日常生活中得到展现。一个信仰天主教的菲律宾人出生即接受洗礼，接受亲属、教父教母的祝福，定期去教堂礼拜，在天主教节日中参加游行祈愿等活动，在学校上课前也需要集体祷告。由神父主持婚礼，结婚弥撒和祝福是必不可少的内容。菲律宾人（穆斯林除外）执行天主教所提倡的“一夫一妻制”，反对离婚。菲律宾是世界上少数没有离婚法条的国家。

西班牙对马尼拉的城市规划采取欧式风格，建筑物、公共空间的布置均承袭宗主国的风格和特色。天主教堂的外部空间形式十分简单，一般只有教堂前的广场，广场与教堂沿同一条轴线对称，广场上的装饰较少，重视绿化。一方面，为了拉近天主教与当地人之间的距离，教会在已存在的相对繁荣的聚居区修建教堂；另一方面，在新建的教堂附近，也因宗教人口增多而产生新的聚居区。可以说，城市的公共空间充满了宗教气息。

在西班牙人的影响下，菲律宾人开始穿鞋袜、长裤、戴墨西哥式的宽边帽，许多菲律宾人也开始有了西班牙名字和姓氏，如Jose、Pedro、de los Santos、de los Reyes，会烹饪西班牙菜式，如paella、arroz a la valenciana、embutido。菲律宾语中，bayabas（西班牙语：guayabas，番石榴）、abokado（西班牙语：avocado，鳄梨）、papaya（西班牙语：papaya，木瓜）、sapote（西班牙语：zapote，人心果）等大量词汇来源于西班牙语。

西班牙殖民者的到来对菲律宾本土文化的发展产生了严重的冲击。西班牙人来到后，将当时仅有的菲律宾文字材料予以焚毁，菲律宾古代文字“巴伊巴因”书写的材料大部分散佚。西班牙作为当时国力强盛的西方殖民者，以强势地位开始在菲律宾群岛的统治，使原本居住在平原的部分菲律宾人只好躲进山区。可以说，西班牙人的出现干扰了菲律宾本土文化的发展进程。从某种意义上来说，西班牙人的出现也对了解、记录菲律宾本土文化作出了贡献。以菲律宾众多民族的语言为例，西班牙人到来之前，人们对当地的语言状况一无所知。西班牙传教士出于传教的目的，摸清当地语言状况，甚至努力学习菲律宾各民族语言，诞生了最早的一批词典、语法书，17世纪出版的《他加禄—西班牙词典》中，还收集了许多他加禄语丰富的谚语、短诗、民间传说，从中可以清楚地了解到殖民者入侵之前他加禄语文学的概貌。这些都对菲律宾语言文化的保存产生了积极的作用。

二、美国殖民统治的文化影响

美国在菲律宾的统治虽然只有不到50年，但其影响也是巨大的，甚至完全可以与西班牙的影响相提并论。首先，菲律宾的政治体制基本照搬美国的制度。菲律宾被认为是美国在亚洲的“民主橱窗”。今天的菲律宾在政治上依旧常常与美国保持同一阵营。军事上，菲律宾曾经有23个美国军事基地，独立后剩下5个，其中包括著名的苏比克海军基地和克拉克空军基地。

1947年3月14日，美菲双方在马尼拉签订美在菲继续使用和扩大军事基地的协定，为期99年。1979年双方修改协议，菲律宾收回基地主权，任命一名菲律宾人为基地指挥官，但美国指挥官仍保留控制权，每五年对协定审查一次，1991年协定期满后，如双方同意可延长，美国在五年内向菲提供5亿美元援助，作为对使用基地的补偿。1983年6月美菲双方又签署一项协议，菲律宾同意美国从1984—1989年继续使用苏比克海军基地和克拉克空军基地，美国则向菲提供9亿美元的经济和军事援助。然而该协议在1991年停止，苏比克海军基地、克拉克空军基地均被撤除。尽管这些军事基地为菲律宾带来了高额的经济效益以及军事、政治上来自美国的保护，但是由于90年代菲律宾民族主义情绪高涨，驻菲美军基地以及一些关于美国军人在菲律宾的负面新闻引起菲律宾一些党派的反感，美菲军事基地协定不再续约。军事基地现已被菲律宾政府改造为自由经济特区。

美国十分重视在菲律宾进行文化教育方面的建设。殖民统治初期，美国在菲律宾建立报业系统，创办了《马尼拉时报》（*The Manila Times*）、《美国人》（*American*）等大量的报纸，向菲律宾灌输美国的政治、文化价值观念。这些报纸全是英文报纸，从内容到形式全是“美式新闻”。美国还培养了一大批新闻记者，他们成了美式新闻报道和采访的执行人。殖民当局将英语规定为菲律宾正式的官方语言之一。1901年，美国从国内派遣600名英语教师来到菲律宾，采用英语为教学媒介，规定学校直接采用美国的教科书。美国鼓励公费留学制度，有计划地派遣菲律宾优秀学生到美国深造。在美国思想意识、价值观念、生活方式的影响下，菲律宾自殖民时期开始形成了一个受过高等教育的上层阶级，包括律师、法官、政客、实业家等等，他们亲近美国，在社会政治上处于领导地位，也是后来独立运动的倡导者。战后，这些上层人士控制了菲律宾的两大政党：国民党和自由党，在当今菲律宾政坛依旧具有举足轻重的影响力。

菲律宾，尤其是首都马尼拉，是一个英语畅行无阻的世界。无论是商店售货员还是街头小商小贩都会说英语。学生从小接触美式英语，使用得非常地道。人们喜爱美国的快餐，看电视中播放的美国电视剧，追逐美国时尚的潮流。菲律宾电影院与美国本土同步上映好莱坞电影，而且从来没有字幕，拿着爆米花的各个年龄段的人们都能看得哈哈大笑，可见以美国为代表的现代西方文明在菲律宾的渗透之深。

第五节　菲律宾的现代文化

摆脱了殖民统治的菲律宾具有自己的文化特色，这些文化特色是多层次的，简而言之，就是菲律宾既有时尚、光鲜的现代大都市文化，部分地区也体现着乡村文化，尽管不如都市发达，但仍然是现代文化的一面。值得一提的是，广大在海外工作的菲律宾人形成了独特的海外劳工文化。

一、大都市文化

（一）首都马尼拉

最能体现现代菲律宾大都市文化的城市是菲律宾的首都马尼拉。马尼拉城位于菲律宾北部吕宋平原的西部，西靠马尼拉湾，面积38.55平方公里，与周边的12个市、4个区共同被称为大马尼拉都会区（Metro Manila），简称“大马尼拉区”，或称“国家首都区”（National Capital Region）。大马尼拉区面积638.55平方公里，位于海洋、河流形成的冲积平原上，地理条件优越，不仅是菲律宾政治上的核心，也是全国经济发展最好的区域。作为一个大都会型的超大城市，马尼拉也是亚洲最大的城市之一，被称为“亚洲的纽约”。马尼拉的交通极其方便，市内交通工具主要有轻轨、公共汽车、吉普尼（jeepney）。轻轨主要有LRT（Light Rail Transit）和MRT（Metro Rail Transit）两种。LRT分一号线（南北向）和二号线（东西向），与MRT一起构筑马尼拉的轻轨交通网络。

菲律宾文化中心（Cultural Center of the Philippines）坐落在著名的罗哈斯大道（Roxas Boulevard）上，正对美丽的马尼拉湾。文化中心建于1966年，占地52英亩①，耗资1,000万美元，是一座综合建筑，旨在保留、推动菲律宾文化发展。不仅菲律宾著名的艺术家、文化团体会在这里举行演出，每次国外的知名演出团体也会首选菲律宾文化中心作为场地，与菲律宾文化界人士进行交流。文化中心开放以来，先后迎接了许多世界闻名的艺术家，包括著名芭蕾舞大师玛戈特·方廷、鲁道夫·纽雷耶夫；歌剧明星里纳塔·苔芭尔迪、弗兰柯·科雷利；西塔尔琴演奏家拉维·香克；钢琴演奏家范·克莱本、菲利普·恩特雷蒙和傅聪；小提琴演奏家利奥尼德·科根、艾伯多·莱西和龙尼·罗戈夫。

（二）政治文化

菲律宾世袭家族在政治选举上拥有很大影响力。这或许可以追溯到殖民之前的时代。在菲律宾群岛形成一个统一的国家概念之前，这片土地只是一个个分散的岛屿，众多部落、族群各自占地为王。西班牙殖民者首先拉拢当地的首领，这也就意味着能使整个部族归顺其统治。美国统治时期沿袭了既有的格

①1英亩=4,046.724平方米。

局，并且利用家族派系的影响力，在政治上给予扶持。传统的家族政治变为现代民主体制下的政党。据统计，菲律宾有200多个世袭政治家族，比较活跃的超过100个。2007年，菲律宾国会的265名议员中，大约有160名来自这些家族。[①]此外，世袭政治家族在地方上垄断了很多省长、市长的职位。这种家族政治越来越为人们所诟病，学者们批评家族政治是造成贪污腐败、竞选舞弊、暴力选举的根本原因。

（三）经济文化

为了与国际接轨，菲律宾政府早在20世纪70年代初就开始设立经济区。菲律宾的经济区主要分为工业园区、出口加工区、自由贸易区、农业经济区。从经济区的投资来看，日本是菲律宾最大的海外投资来源国，美国次之，接下来还有荷兰、英国、新加坡、韩国、德国等。从行业的角度来说，电子业、机电产品制造业、化工业、橡胶和塑料制造业、医疗和器械制造业处于行业领先地位。值得一提的是，菲律宾的快餐文化十分发达，快餐业是各行各业中利润较多的。成立于1978年的菲律宾快乐蜂食品集团（Jollibee Foods Corporation）目前是菲律宾最大的快餐连锁集团。它旗下的快餐品牌有：快乐蜂（Jolibee），主要经营美式汉堡、意大利面、菲律宾当地风味快餐；格林尼治（Greenwich），主要经营比萨；红丝带（Red Ribbon），主要经营蛋糕、快餐；超群（Chowking），主要经营馄饨、面条、包子等中国快餐。2004年，快乐蜂集团收购了中国快餐集团“永和大王”。在菲律宾，快乐蜂旗下的品牌甚至比肯德基、麦当劳等国际品牌更受欢迎。

菲律宾作为东盟国家中第五大经济体，经济发展在世界范围内略显缓慢，这也决定了它面对全球经济的飞速发展必须立

①青岩：《怪胎：当美式民主融入菲律宾基因》，载《南方周末》，2009年12月2日。

足自我，依赖外界力量以占据一席之地。菲律宾十分重视东盟的作用，积极参与东盟国家的经济合作，为东盟发展贡献推动之力。

（四）教育文化

菲律宾的教育制度是初等教育6年，中等教育4年。六年制初等学校教育阶段，一至四年级为第一阶段，五、六年级为第二阶段。从一年级开始，学校同时教授菲律宾语和英语。一至四年级的主要课程有算术、地理、绘画、体育，五、六年级开始教授菲律宾历史、国家制度、自然科学基础。中学教育除了包括一般中学外，还包括一些农业学校、工艺学校等等专门学校。高等教育基本上是按照美国的模式建立的。与初级教育不同的是，在高等教育阶段，私立学校占了更大的比例，由于私立学校收费较高，因此，高等教育很大程度上只是为有钱人提供的。国立大学由国家拨款，主要有菲律宾大学（University of the Philippines）、棉兰老大学（University of Mindanao）、中吕宋国立大学（Central Luzon State University）等。私立学校多由天主教会开办，也更加重视宗教教育和神职人员的培养，比如马尼拉雅典耀大学（Ateneo de Manila University）、圣托马斯大学（University of Santo Tomas）等。

在文学方面，“卡洛斯·帕兰卡文学奖”是菲律宾的最高文学奖，由Carlos Palanca基金会资助。所有菲律宾国籍居民以及菲律宾裔都可以申请，具体分为7个门类：短篇小说、儿童短篇小说、散文、诗歌、儿童诗歌、独幕剧、戏剧。其中戏剧剧本分作菲律宾语和英语两部分来评判。短篇小说除了菲律宾语类，还有宿务语、希利盖农语和怡朗语等三个菲律宾中南部主要民族的语言。另外，2007年开设了针对18岁以下作者的特别门类，包括菲律宾语和英语两个门类，主题是“我想向世界分享的菲律宾人价值观”。卡洛斯·帕兰卡文学奖创立于1950年，面对英语教育发达，年轻一代越来越疏远菲律宾本土语言的现实，卡洛斯·帕兰卡文学奖的设立目的就在于培养和激励菲律宾本土文学的发展。与此类似的奖项还有很多，政府还专门举办一些活动，鼓励人们多使用国语，在接受现代西方文化带来好处的同时，延续菲律宾群岛的文化传统。

（五）新闻出版

菲律宾的新闻出版业可以追溯到西班牙殖民统治时期兴建的印刷所。1926年第一家菲律宾教育出版公司成立，才开始有了自己的民族图书出版业，之后菲律宾的图书出版业发展缓慢。截至2011年较大的出版公司有：亚洲发展银行（Asian Development Bank），它定期出版一些关于亚洲太平洋地区的经济、社会问题的期刊资料；东盟图书出版协会（Asean Book Publishers Association），它重点关注东盟国家的文化，出版的图书有小说类、儿童类、教科书类、历史类等等；菲律宾图书出口协会（Book Exporters Assocation of the Philippines），出版文化遗产、体育、旅游、语言、艺术等方面的书籍；光芒星出版社（Sinag-Tala Publishers），出版天主教相关书籍；阿碧瓦出版社（Abiva Publishing House， Inc），建于1936年，主要出版学前班、小学、中学、大学教科书，是菲律宾历史悠久的出版社。除此之外，菲律宾一些名牌大学的出版社也致力于学术著作、文艺著作的出版、发行与推广，这些书籍专业性很强，发行量相对少，但为菲律宾的学术事业起了极大的支持作用。菲律宾最大的书店“国立书局”（National Bookstore）相当于中国的“新华书店”，其红色的招牌遍布城市的大街小巷，书店门面宽敞、环境优雅。

菲律宾的主要报纸有英文和他加禄语两种。在英文报纸中，始创于1898年10月的《马尼拉时报》是菲律宾第一份英文报刊，时值美治初期，所以当时的《马尼拉时报》极力美化美国的形象。另外，《马尼拉公报》（*Manila Bulletin*）也拥有100多年的历史，仅次于《马尼拉时报》，曾经更名为《马尼拉每日公报》（*Manila Daily Bulletin*）和《今日公报》（*Bulletin Today*），马科斯总统的军管时期几乎所有的报纸都被停刊，只有《马尼拉公报》被用作宣传阵地。《菲律宾每日问询报》（*Philippine Daily Inquirer*）创刊于1985年。《菲律宾星报》（*The Philippine Star*）于1986年创刊，在香港和沙特阿拉伯等海外劳工较多的地区也可以买到。他加禄语报纸中较有名的有《进行报》（*Abante*）等其他地方报刊，他加禄语报纸多是小报，纸张较小，内容也是当地人们日常生活中的琐事。

由于现代菲律宾人的英语极其熟练，在讲菲律宾语时会直接使用大量的英语原词，他们戏称自己说的既不是他加禄语，也不是英语，而是“Taglish”（Tagalog 和 English 的合体）。即便是总统演讲之类的正式场合，也通常是他加禄语断断续续地掺杂英语句子。在一句话中，个别词语也直接用英语表达。“Taglish”是菲律宾现代文化最直接的写照。菲律宾人还喜欢用缩写来简化表达内容，比如称厕所为 CR（Comfort Room），称位于马尼拉湾畔的亚洲最大百货商店为 MOA（Mall of Asia）。他们还喜欢用简略的昵称替代一个人本来的名字，比如称呼 Angela 为 Gel，称呼 Isabella 为 Isay。菲律宾人在发短信的时候也会使用各种各样的缩写，比如用 u 代替 you，B4 代替 before，n 代替 and，kyo 代替 kayo（菲律宾语“你们”）。

二、乡野文化

由于大量菲律宾少数民族居住在偏远岛屿、山区、乡村，因此，乡野文化也是菲律宾文化当中不可忽视的一面。乡村地区的学校教育没有城市那么普及。国家协助某些地区开办六年制农业学校，在这些专门学校中，男孩学习农业工作技能，女孩学习家政。在偏远的岛屿还办有流动农业学校。不少民族还保留着传统的穿着、居住、饮食等生活习惯。不少地方仍使用刀耕火种的方法，种植水稻和旱稻。畜牧业不发达。手工业有纺织、编织、打铁、制陶，住房为“杆栏式”建筑，以大家庭集中居住为多。值得一提的是，在乡野文化中，菲律宾妇女的地位并不低于男子，女子在氏族部落中还担当巫术执行者、仪式歌曲领唱者等重要角色。

人们由于与外界接触较少，还保存着传统信仰，相信世间各种精灵能够免灾降福，同时还保留了传统节日习俗，杀鸡宰猪庆祝节日，或举行巫术仪式。比如吕宋岛北部山民还在仪式上演唱民歌，常用锣作伴奏乐器，也有鼻箫、口弦琴等特色乐器。人们在婚礼、房屋落成、部落联合等等庆祝场合弹唱、起舞。在菲律宾人的天性中有热情开朗、能歌善舞的一面，善于以此来表达心中的情感。

不少乡村医疗卫生条件较差，缺乏现代医疗设备，一些乡村医师仍然在用传统的巫术方法为人治病，也有不少传教士、慈善机构工作人员长期走访于乡间，用现代医学知识为人们治病。政府也在努力地将一些惠民措施深入乡村，创造更多就业机会，以期提高人民生活水平。社会各界也常常为乡村地区募款盖房、修筑设施、捐助物资。

生活在棉兰老岛、苏禄群岛的菲律宾穆斯林受伊斯兰文化影响很深。他们用阿拉伯语演唱宗教歌曲，在菲律宾南部流行的乐器有库林唐、抡当、竹皮弦琴，这些乐器都是五声音阶的，一般用来伴奏舞蹈。当地最有特色的是竹竿舞——先在地上摆两根长竹竿做垫架，间隔两米左右，由数人手持长约3米的几对竹竿横架在上面，女孩子们随着竹竿敲击的节奏在竹竿间隙中间翩翩起舞，和我国海南岛的“打柴舞”很接近，区别仅在于菲律宾一般只有女子跳竹竿舞。菲律宾穆斯林作为一个与居于社会主流地位的天主教信徒相异的群体，在历史上一直与主流文化格格不入，因此穆斯林地区的社会发展水平并不高。

尽管处在乡村的人们较少受到外来文化的影响，但是现代文明也正在冲击着菲律宾本土文化。许多传统文化已经逐渐被人们所忽视，濒临消失。伊富高人的口传史诗《呼德呼德》便是。原先，吟唱《呼德呼德》是伊富高人劳作之余日常的休闲娱乐方式。而现在，这种传统的集体吟唱活动也被收音机、电视机等等现代文化表征所替代。菲律宾政府意识到了传统文化的保护问题，将会唱《呼德呼德》的伊富高人请进马尼拉甚至国际舞台上表演。这反倒使一些田间领唱者变成了职业歌手，参与巡回演唱。然而离开了土地的《呼德呼德》吟唱已经失去了其原有的味道。

三、海外劳工文化

菲律宾海外劳工（Overseas Filipino Workers， 简称OFW）这个群体也被称为diaspora，指在世界各地工作以养家糊口的菲律宾人。说菲律宾拥有远离本土的、丰富的“海外文化”主要是因为菲律宾海外劳工人数极多，是世界上著名的劳工输出大国。其中，所谓“菲佣”，即菲律宾籍家政服务人员所占的比例很高，是菲律宾女性劳动力在海外谋生的主要职业。也有从护理学校毕业的“白衣女佣”，她们通晓护理专业知识，擅长照顾病人和小孩，所获得的薪水很高。菲律宾男性海外劳工多从事建筑业、矿工、海员等职业。

菲律宾海外劳工十分团结，如果有一个海外劳工遭到了不公正的待遇，当地的众多菲律宾人会一起为其申冤。在香港的某些场所还能定期看到许多菲律宾人的聚会，人们在工作的闲暇之余与同在异乡的同胞们一起品尝家乡美食，联络感情。考虑到海外劳工人口众多，菲律宾政府会在选举时到各国设立“不在籍投票点”，方便海外菲律宾人行使投票权。在圣诞、新年等节假日，政府还会出钱组织海外劳工包机返乡。

菲律宾当代文学中，不少诗歌、小说以海外菲律宾人为题材，生动描绘了在海外的菲律宾人生活上的艰辛、思乡的情绪，也有不少社会学家指出，大量菲律宾人长期生活在国外，他们的下一代多数留在菲律宾由亲友看管，尤其是父母双双出国打工，极不利于孩子成长。即使与父母一起来到海外，也容易产生身份认同上的疑惑。对海外劳工来说，对祖国的疏远产生的陌生感，对所在国文化差异产生的被排斥感，这些让他们作为一个特殊的群体在谋求生计的同时也饱受心灵压力。

第四章
政策法规

本章导读

☆菲律宾的法律制度同时受到大陆法系和英美法系的影响。《1987年菲律宾共和国宪法》是菲律宾的根本法。菲律宾注重知识产权的保护、劳动与社会保障、资源的开发利用，并为弱势群体提供法律援助。本章还将介绍与菲律宾经济贸易相关的法律，如公司制度、银行法律制度、进出口贸易制度、税收制度、经济特区法、外国投资法律等。

第一节 菲律宾的法律体系概况

在西班牙统治之前，菲律宾社会由许许多多的“巴朗盖”组成。“巴朗盖”的首领被称为“大督”（Datu）。社会中并没有明确的司法机关，亦没有现代意义上的法官。人们发生争执、意见不一时总是由“巴朗盖”的首领、长老根据习惯法进行调解，因此部族首领既有管理的职能，又有司法审判的职能。自西班牙殖民时期开始，西班牙法律在菲律宾得到广泛的传播与应用。西班牙的刑法、商法、民法等等法律体系在殖民地菲律宾几乎全部适用。西班牙推广的中央集权制至今影响着菲律宾的政府机构。到了美国统治时期，美国废除了西班牙法律中与美国宪法相抵触的部分，保留了民法、刑法、地方制度等等。菲律宾曾颁布了《马洛洛斯宪法》（1899年）和《宪法》（1935年），采用三权分立、司法独立的原则，按照美国法的模式制定了银行法、公司法、破产法等等，基本上照搬美国的法律制度。总的来说，菲律宾的政治、法律框架都是其殖民历史的产物，既有西班牙民法的深远影响，又遵循了美国的总统制和三权分立的原则，在西班牙、美国的影响下形成了独特的法律制度，融合了东西文化因素。

菲律宾的法律制度同时受到大陆法系和英美法系的影响。一般认为，在婚姻法、家庭法、继承法、合同法、刑法这些部门法中，大陆法系的传统起主导作用；而在宪法、诉讼法、公司法、票据法、税法、保险法、劳动法、金融法方面，英美法系的原则有显著的影响。①

①齐树洁：《菲律宾继承法研究》，载梁慧星主编《迎接WTO——梁慧星先生主编之域外法律制度研究集》第三辑，北京：国家行政学院出版社，2000年，第292页。

1987年菲律宾共和国宪法

宪法在一个国家的法律中具有至高无上的地位，是国家的根本法。菲律宾现行的宪法是1987年2月通过的。总共十八章，内容分别为：序言；第一章国家的领土；第二章国家原则与政策的宣布；第三章权利法案；第四章国籍；第五章选举权；第六章立法机关；第七章行政机关；第八章司法机关；第九章宪法委员会；第十章地方政府；第十一章公职人员的责任；第十二章国民经济和财产；第十三章社会公平和人权；第十四章教育科技、艺术、文化和体育；第十五章家庭；第十六章一般规定；第十七章修改和修正；第十八章临时性规定。

菲律宾宪法规定，菲律宾是民主共和国，国家主权属于人民，国家一切政府权力来自人民。政府的首要职责是为人民服务和保护人民。菲律宾政府遵循国家根本利益的原则，坚持不懈地奉行独立自主的外交政策，奉行在国家领土范围内无核武器的政策。国家的行政权属于总统，菲律宾总统同时也是菲律宾共和国武装力量的总司令。司法权属于最高法院和依法设立的地方各级法院。宪法委员会包括公共服务委员会、选举委员会和审计委员会。地方政府具有自治权，保护家庭，促进教育、艺术、体育、私营事业、农村和城市改革的发展，保证妇女、青少年、诚实贫民和少数民族的权利。国家的自治区在宪法框架、国家主权、领土完整的条件下建立。

国家重视每一个人的人格尊严，保证充分尊重人权。国家承认妇女在社会建设中的作用，并确保法律面前男女平等。国家发展菲律宾人民有效控制的独立自主和自力更生的国家经济，承认私营部门不可忽视的作用，鼓励私有企业的发展，对于需要的投资给予鼓励，促进农村的全面发展和土地改革。

在宗教方面，规定宗教和国家分离是神圣不可侵犯的。不抱歧视或任何偏见的自由信奉宗教及举行宗教仪式应永远受到允许，公民权利和政治权利的行使不得带宗教考察的要求。

在国籍方面，菲律宾共和国的公民指：（1）宪法正式通过时的菲律宾公民；（2）父亲或母亲是菲律宾公民的；（3）1973年1月17日前出生，其母亲是菲律宾人，成年时选择了菲律宾国籍；（4）依法加入菲律宾国籍的。和外国人结婚的菲律宾公民可以保留他们的国籍。在选举权方面，年满18周岁、在菲律宾居住至少1年，并在选举前居住在投票地区至少6个月的菲律宾公民都拥有选举权，国会制定保证投票秘密和神圣的制度，为在海外有资格的菲律宾公民提供选举方式。

菲律宾的民族语言是菲律宾语，为了通信和指导目的，菲律宾官方语言在法律没有另行规定之前为菲律宾语和英语。在地方，方言是辅助的官方语言，作为那里指令的辅助手段。在自愿和选择的基础上鼓励西班牙语和阿拉伯语。

第二节　菲律宾的民事法律

菲律宾民事法律主要体现在《菲律宾民法典》上，关于婚姻、家庭的部分也曾因受重视而单独修立法典。

一、《菲律宾民法典》

《菲律宾民法典》（*Civil Code of the Philippines*）于1950年8月开始实行。之前，菲律宾一直使用颁布于1889年的《西班牙民法典》，甚至美国时期亦如此。1940年，奎松总统召集委员会专门研讨修订新民法，却由于第二次世界大战时期日本进攻菲律宾而终止，直到1947年，罗哈斯总统组成的委员会制定了《菲律宾民法典》。

《菲律宾民法典》分为七部分：序言，人，财产、所有权及其规定，取得所有权的不同方式，债与合同，过渡性规定，废止旧法的规定。①《菲律宾民法典》基本上保留了《西班牙民法典》的部分内容，也对殖民时期的旧法典进行了翻新。比较突出的特点是，《菲律宾民法典》规定出生决定人格，每个人在法律上、形式上一律平等，人格为每个人所具有，即使受孕女子在一定意义上也不例外。权利能力为每个自然人内在所具有并因死亡而丧失。《菲律宾民法典》新规定了妨害制度。妨害制度本身可以分为公共妨害、私人妨害两种，是所有权人所负的责任。除此之外，《菲律宾民法典》专辟“智力创造”等部分，将关于知识产权的一般性规定整合进民法。

二、《菲律宾家庭法典》

1987年，科拉松·阿基诺总统正式颁布《菲律宾家庭法典》，作为对《菲律宾民法典》第一部分的补充。《菲律宾家庭法典》侧重于对婚姻关系、共同财产、亲子关系的描述。规定家庭是不可侵犯的社会组织，是公共政策珍爱和保护的基本社会组织，结婚是组建家庭的一种最重要的方式。

第三节　菲律宾的经济贸易法律

菲律宾与经济贸易相关的政策法规十分丰富。主要包括：

---

①蒋军洲：《〈菲律宾民法典〉的保守与创新》，载《河北法学》，2007年第9期。

《海关法》《零售法》《出口发展法》《综合投资法典》《外国投资法典》。其他与进出口贸易投资有关的法律还有《交易法》《税收法》《食品医药法》《价格法》《反倾销法》《反补贴法》《保障措施法》《知识产权保护法》《烟草法》《电子商务法》《消费者保护法》《钢铁法》《矿业法》《投资租赁法》《经济特区法》等。这里将分别以公司制度、银行法律制度、进出口贸易制度、税收制度、经济特区法、外国投资法律作为几个部分详细介绍。

一、公司制度

1998年修订后的新民法中规定了基本的公司制度。菲律宾法律对于公司的分类可根据如下标准：（1）根据人数，分成一人投资公司和多人合资公司；（2）根据宗旨，分为宗教性公司、世俗性公司、公营公司、私营公司；（3）根据公司与政府的关系，分为公营公司、私营公司、私营公用事业公司。

对于公司设立的条件，法律是这样规定的：公司的发起人应当是5~15个达到法定年龄的自然人，其中半数以上应当是菲律宾公民。发起人可为任何合法目的设立私公司，每一个股份公司的发起人至少要认购股本的一份股票。[①]一个公司自成立之日起不应超过50年，可以在到期之前通过修改公司章程来延长存在的期限。在没有特别规定的情况下，没有对股份公司设立最低股本要求。

菲律宾公司法还规定，任何公司董事在任职公司必须至少拥有其公司股票的一成股份，并且董事会过半数成员应为菲律宾公民。任何被终身判决超过6年徒刑，在选举日或被任命前5

①菲律宾《公司法》第10条。

年内违反公司法者，不得当选为公司董事。[①]除了公司法的这些一般规定，特别法对某些种类的公司还有特别规定[②]：银行金融机构董事会成员中至少2/3的董事应是菲律宾公民；农村信用社和注册投资公司的每一位董事会成员都应是菲律宾公民；国内航空运输公司的董事长、至少2/3的董事会成员和其他的管理人员应是菲律宾公民；投资机构的董事会半数以上的董事应是菲律宾公民，并且除非得到货币委员会的允许，任何投资机构的董事不得兼任其他银行的董事；大众传媒必须由菲律宾公民或菲律宾公司管理；必须由菲律宾公民管理商业电信；必须由菲律宾公民管理教育机构。

外国公司（依外国法成立、组织或存在的公司，并且该外国法允许菲律宾公民在其境内经营的公司）有权依菲律宾法律并取得政府机构的许可后获得营业执照，在菲律宾经营公司。[③]外国公司若想在菲律宾经营业务，应向证券和交易委员会提交章程、章程细则的副本。营业执照的申请书应当包括：公司的期限和申请日期；公司在其成立地的地址，包括主营业地的街道号码；授权接受传票和诉讼程序通知的代理机构的名称和地址；公司拟在菲律宾的营业地；公司在菲律宾的经营具体目的；公司现任董事、高级管理人员的姓名和地址；关于股本总额和公司有权发行的股票总额、等级、面值的声明；关于认缴资本和已发行的股票总数、等级、面值的声明；实际缴付的数额；为让证券和交易委员会决定是否发给该外国公司营业执照应提供的其他信息。[④]没有获得营业执照的外国公司，不准在

①菲律宾《公司法》第26条。

②陈云东主编：《菲律宾共和国经济贸易法律指南》，北京：中国法制出版社，2006年版，第76页。

③菲律宾《公司法》第123条。

④菲律宾《公司法》第135条。

菲律宾进行营业活动，否则将判处外国公司的董事和公司代理人五年以上十年以下拘禁和一万比索以上两万比索以下的罚款，并在服刑期满后将其驱逐出境。[①]任何外国公司违反了申请书中的要求，中央银行行长或工商部长经总统批准，有权吊销其营业执照。[②]

二、银行法律制度

菲律宾把银行分为以下几种：中央银行、商业银行、综合银行、储蓄银行、伊斯兰银行等。菲律宾银行法的体系由《普通银行法》《新中央银行法》《储蓄银行法》《农业银行法》《合作银行法》以及《伊斯兰银行法》构成。其中，《普通银行法》是菲律宾现行银行法律制度的核心，于2000年4月由参议院和众议院通过。

菲律宾中央银行（Bangko Sentral ng Pilipinas）又称菲律宾共和国银行，是根据1987年宪法和1993年《新中央银行法》而建立的。它以维持货币稳定、巩固财政制度、引导经济平衡增长为宗旨，总部设在马尼拉。按照法律规定，菲律宾中央银行可以制定货币政策、发行货币、管理外汇储备、对其他金融机构实行监督管理权。

出于发展经济的需要，银行可以向个人、社团、公司或其他实体提供贷款，贷款总量不得超过该银行净资产的20%。在信托业务方面，菲律宾信托实体所实行的是信托业务与一般业务相分离的原则，信托业务以及作为管理人、代管人、监护人、保管人或者受托人所接受的基金、财产或有价证券应当与一般业务包括其他的该信托实体的基金、财产和资产相分离。

---

①菲律宾《公司法》第69条。

②菲律宾《公司法》第71条。

外资银行想要在菲律宾设立分支机构必须获得该设立银行100%的有表决权的股票并经货币委员会的批准。[①]如果外资银行在菲律宾拥有一个以上的分支机构，其所有的分支机构均被视为整体单位。

三、进出口贸易制度

菲律宾主要需要进口的产品首先是农产品，因为作为岛国，菲律宾可用来种植农产品的大片土地并不多，再加上人口激增，粮食极易短缺。菲律宾需要进口的产品有小麦、稻米、玉米等粮食，一般从美国、中国、加拿大、阿根廷、新西兰、法国、印度等国进口；从澳大利亚、新西兰、美国、荷兰、新加坡、爱尔兰等国进口奶制品；从卡塔尔、沙特阿拉伯、印度尼西亚、科威特等国进口化肥；从美国、巴西、中国、津巴布韦等国进口烟草。温带蔬菜和水果、肉类、咖啡等饮料等等也常需要进口。

菲律宾原则上允许所有商品进口，但凡进口到菲律宾的商品都应该经过菲律宾海关的检验，经海关放行后方可入境。[②]根据菲律宾《关税与海关法》，可以自由进口的商品有：活动物及动物制品；蔬菜制品；动植物油；石油及石油制品；精炼食用油；动物和植物固体油；粮食制品；饮料、酒和醋；烟草和烟草制品；矿产品；化工产品；塑料及相似产品；橡胶及相似产品；皮革原料；原木及木制品；木浆；纺织品；石料和水泥制品；鞋类和头饰类；天然或人工养殖的珍珠和宝石；金属

①陈云东、米良主编：《东盟国家金融法律制度研究》，北京：中国社会科学出版社，2008年，第45页。

②陈云东、米良主编：《东盟国家金融法律制度研究》，北京：中国社会科学出版社，2008年，第176页。

及金属制品；机械及机械设备；电子设备；录音机等；车辆、飞机、船舶等交通工具；光学仪器、照光设备、医疗设备、外科器械；武器、弹药等；手工制品、工艺品。[①]

反之，禁止进口的商品一般是危害国家安全、损害公共健康的物品。比如炸药等爆炸性武器；含有煽动性、颠覆政府内容的书籍、资料、出版物；含有不健康、不道德内容的电影、图书、印刷品；赌具；标识与实际质量不符的贵重金属；违反菲律宾《食品与药品法》的假冒伪劣食品、药品；大麻、罂粟、古柯叶、海洛因或其他麻醉药品；鸦片烟枪等；给国内同一产业带来损害的其他进口商品。

菲律宾出口的产品有椰子类产品（如椰油、椰子粉），香蕉、菠萝、芒果等热带水果，海鲜水产，手工艺品等等。

四、税收法律

菲律宾的税收法律制度中包括了如下十五种税：人头税，财产税，直接税（如个人所得税），间接税（如增值税），消费税，普通税，特别税（为了满足特殊的公共建设需要而征收），特种税（针对烟草、酒类等），从价税（按征税对象的价值来征收，如不动产税），关税，国税，地税，累进税，累退税，比例税。[②]

外国人在菲律宾投资需要承担的主要是增值税、比例税、消费税、所得税。[③]

已经到税务机关进行了增值税登记的人，如果从事商品买

---

①菲律宾《关税与海关法》第一章第104条。

②陈云东主编：《菲律宾共和国经济贸易法律指南》，北京：中国法制出版社，2006年，第207页。

③陈云东主编：《菲律宾共和国经济贸易法律指南》，北京：中国法制出版社，2006年，第218-223页。

卖、提供服务等，需要缴纳10%的增值税；从事广播、电视业的人，若年收益在1,000万比索以下，则交纳3%的比例税，年收入超过了1,000万比索，则交纳10%的增值税；商品进口人都要缴纳增值税。

对免征增值税的交易行为，其净收益将被征收3%的比例税。比例税的征税对象有：承运人和车库保管人；特许权人；跨国通信；金融中介；人寿保险公司；娱乐场所；股票交易；年收益在55万比索以下的商业活动。菲律宾税法还规定对发自本国的越洋邮件，国际长途电话、传真等征收10%的比例税。只有政府机关、各国领事馆、国际组织及其代理机构、传媒公司可以免于交纳。[①]人寿保险公司所收取的客户保险金征收比例税的税率为5%。[②]对外国人按菲律宾保险法组建的意外伤害、死亡保险公司所收得的保险金收10%的比例税。[③]对竞技场、有歌舞表演的餐馆、全天营业的俱乐部征收税率为18%的比例税，拳击表演场为10%，职业篮球赛为15%，回力球赛、赛马为30%。

消费税面向的对象是烟草制品、酒制品、矿产品、石油制品、用于当地消费或使用的非基本生活品、进口的奢侈品和非基本生活品，珠宝制品和贵重金属制品除外。

所有的公民都得交纳个人所得税，住在国内的公民和外国人也不例外。除此之外，本国企业、外国企业每年还需交纳500比索的社区税。

菲律宾的税收信息系统极其完备、功能强大。菲律宾国内税务局（Bureau of Internal Revenue）为了提高监管力度，引进

---

①《菲律宾1997国内税收法典》第120条。

②同上，第123条。

③同上，第124条。

了大量先进技术，开发了一套行之有效的税收信息系统。该系统除了常见的征收管理、计划统计、分析等功能模块，还包括电子申报、支付系统，电子登记系统，电子广播、电子通信系统，入口技术、移动税务所系统，电子抽奖系统，第三方信息匹配系统，与系统外政府机构连接、电子提交、电子交易数据比对项目、电子新政府财务系统等十几个功能模块。菲律宾国内税务局还将全国大型纳税户的资料交由“大户司”单独管理，实现数字化申报、缴纳、数据录入，既便于对纳税人做评估，还能够及时发现第三方偷逃税等现象。2004年菲律宾国内税务局的收入中大户司占了54.97%；菲律宾国内税务局100%的消费税、54.5%的增值税、44.7%的所得税和65.1%的比例税是由大户司征收的。[①]菲律宾还十分注重纳税评估，在这方面的人员配备十分充分，因此，在菲律宾纳税评估后补交的现象较少。也正是由于完备的税收监管制度，菲律宾的纳税遵从率较高，纳税人的配合度也较高，纳税环境良好。

五、经济特区法

《1995年经济特区法》将高度发达或具有潜能发展成为工农业、旅游休闲产业、商业、银行业、投资和金融中心的区域定义为经济特区；[②]将持续统一管理下，按照综合计划进行规划和开发、提供基础设施和公用事业的特定区域称为工业园区；[③]将以生产出口产品为导向，坐落于或行政管理设于海关管辖区域之外的园区称为出口加工区。[④]菲律宾目前有4个出口加工区：

①王红晓：《新加坡、马来西亚及菲律宾三国税收征管的特色与借鉴》，载《特区经济》，2010年9月。

②同上。

③《1995年经济特区法》第4条第（1）项。

④同上，第4条第（2）项。

巴丹（Bataan）、马克坦（Mactan）、甲米地（Cavite）和碧瑶（Baguio）。除此之外，原克拉克空军基地、苏比克海军基地在美军撤出后也被政府改造为经济特区。进口货物还可以在菲律宾的不少自由贸易区进行贮存、包装、装载等，享受优惠的税收待遇。[①]

六、外国投资法律

关于外国投资的法律在宪法相关章节中有大量叙述。菲律宾宪法规定外国人不能拥有菲律宾所有的自然资源（农业土地除外），菲律宾所属海域内的海洋资源的使用权也属于菲律宾人民。除了宪法之外，其他关于投资的法律主要见于《1987年综合投资法》和《1991年外国投资法》。《1987年综合投资法》规定了吸引外国公司的优惠政策，跨国公司在菲律宾设立总部、仓库的相关规定，针对特别投资人员的签证方法等，是菲律宾的基本投资政策的归纳。《1991年外国投资法》是对前者的修正，放宽了对外国投资者的限制，规定了除法律规定的禁止、限制投资的领域之外，外国资本可以在菲律宾绝大部分的经济活动中投资经营，还明确了跨国公司的注册程序、可以享受的基本权利，并列出了优先给予菲律宾本国国民的投资领域。在菲律宾投资租赁法、金融公司法案等其他法案中，规定了外国公司在菲律宾租赁土地的年限、允许对外国公司开放的经营范围、不同行业外国投资者可以拥有的股权比例。

外国投资者的权利在菲律宾得到充分保护。除了为公共用途、国家福利、国防利益或者在战争等紧急状态下，菲律宾政府不会征收外国投资和企业资产。若需撤资，外国投资者可将

① 《1995年经济特区法》第4条第（1）项。

投资清算后的全部资金按汇率汇出，可将收益以投资货币的种类按汇出时的汇率汇出；可按汇出时的汇率折成外币偿付国外贷款本金和利息、技术协助合同转让费和其他费用。[①]

第四节　菲律宾的知识产权法律

有关知识产权方面的现行法律是1997年7月制定的《知识产权法典》。除此之外，菲律宾1965年加入了巴黎公约，是世界知识产权组织的成员，因此也遵循相关国际条约。菲律宾政府认为知识产权对国家科技的发展、吸引外资、提高出口产品质量都至关重要。因此，政府致力于保护学者、发明家、艺术家的知识产权和创造力。

菲律宾法律规定的知识产权包括：著作权及相关权利即邻接权，商标权，地理标志权，工业外观设计权，发明专利权，集成电路的布局设计权，秘密信息保护权。[②]专利权主体包括发明者、发明者的继承人、专利权受让人。当两人或两人以上共同完成一项发明时，权利属于发明者共同所有。一般情况下，发明创造者拥有专利权。但如果发明创造活动并非创造者的职责，则专利权也是属于雇员的；如果发明活动是创造者的职责（比如雇员在工作时间内，使用雇主的物质技术条件），则专利权属于雇主，除非特别规定。

专利被用来授予具有新颖性、工业适用性的技术。但以下各项不受专利法保护：发现、科学理论、数学方法；计划方

---

①罗刚、赵元松：《菲律宾外国投资法律制度研究及启示》，载《贵州大学学报》，2005年第5期。

②陈云东主编：《菲律宾共和国经济贸易法律指南》，北京：中国法制出版社，2006年，第87页。

案、规则、精神活动方法、游戏、办公、计算机程序；人类或动物身体的治疗方法、医疗诊断方法；植物种类、动物种类、为动植物生产的生物加工；美术设计；任何违背公共秩序或公共道德的发明。①

专利人的权利包括人身权利和财产权利。人身权利不可转让和继承。财产权利主要指：制造权，专利人可以自己行使，也可以许可他人行使；使用权，即对产品和方法的使用权利；许诺销售权；销售权，指专利产品所有权的第一次转移；进口权，即专利人享有自己进口或禁止他人未经许可为制造、销售、使用等生产经营目的进口其专利产品或进口依照其专利方法直接或间接获得的产品的权利；转让权；许可权。相应地，专利人也须承担相应的义务，主要表现在缴纳专利年费以及不得滥用专利权。

菲律宾的商标权制度基本上是按照美国商标法律制度为蓝本而制定的。最早制定于1947年，后经数次修改。在菲律宾境内及住在外国的个人、公司、合伙或联营企业拥有的商标、商号、服务商标，只要在申请商标注册之日前2个月在菲律宾商业中使用其商标，均可提出申请。②如果申请人非本国人，则需指定代理人。商标权的保护期限是申请日起10年，权利届满前6个月内须办理。申请的过程是形式审查，不进行实质审查。可以续期，每次10年。连续5年未使用则丧失商标专用权。1998年修订的新商标法还规定，申请人须于提出申请4年内提供实际使用宣誓书以及证明，否则商标局将撤销此件申请案。对于商标

①陈云东主编：《菲律宾共和国经济贸易法律指南》，北京：中国法制出版社，2006年，第89页。

②陈云东、米良主编：《东盟国家金融法律制度研究》，北京：中国社会科学出版社，2008年版，第103页。

的撤销必须符合以下条件：其商标注册期间在5年之内；或者在任何注册期间此商标缺乏显著性；申请人放弃专用权；商标注册以不正当方式取得商标名称使消费者对于商品产地或服务产生误认；3年期间无正当事由不使用该商标。

第五节　菲律宾的劳动与社会保障法律

菲律宾总人口约9,000万，对于一个群岛国家来说劳动力资源非常丰富。《菲律宾劳动法典》总则规定，国家应为劳动者提供保护，促进充分就业，保证平等的就业机会，无论其为何种性别、种族、信仰，并调整劳资关系。法律规定，劳动者每日工作时间不得少于8小时，每星期工作5天，每天不少于60分钟的进餐时间。雇主不得以本票、代金券、欠条等非法形式支付工资，但可以以支票、汇票形式作为支付方式。工资支付时间应为两周一次或每月两次，每次间隔时间不得超过16天。

法律中还有与妇女就业相关的内容。首先，歧视妇女是违法的。妇女不能在以下几种情况工作：工作时间为晚10点至次日早晨6点的工业企业；工作时间是午夜到次日早晨6点的任何商业、非工业企业，农业除外；工作时间为夜间的农业企业，除非有连续9小时以上休息。

法律禁止雇用未满15岁的未成年人，但在其父母或监护人的监护下不影响学业的除外。允许雇用15~18岁的未成年人，但工作时间应当按照特殊规定。禁止未满18岁的未成年人从事危险或有害的工作。禁止歧视未成年人。

菲律宾也十分注重劳动者合法权益的保障，在保健、安全、福利方面给予很多硬性规定。除了一般的雇员补助、基金外，在菲律宾职业安全和健康也备受关注。比如，《菲律宾劳动法典》第156条至161条规定，雇主有义务向雇员提供护理设施和服务。具体包括：当雇员人数在50~200人之间时，应该提供全职的注册护士，非危险工作的除外；当雇员人数在200~300人之间时，应该提供全职的注册护士、兼职外科医生和牙医以及紧急诊所；当雇员人数超过300时，应提供全职外科医生、牙医、全职注册护士和牙科诊所以及容纳量为三张床以上的急诊医院。

由于菲律宾人宗教信仰十分虔诚，因此不少宗教权益方面的保障措施也被写进了法律。例如规定国家保护教堂在儿童道德培养和宗教影响方面的权利，儿童在公共或私人学校接受宗教教育是合法的，教堂可在公共或私人中学设立宗教课程。[①]总之，菲律宾法律在劳动和社会保障方面的规定十分细致、具体，具有很好的操作性。

对于菲律宾广泛存在的家庭佣人现象，《菲律宾劳动法典》同样给出了许多规定，保障家庭雇员的合法权益。例如在首都马尼拉，家庭佣人的最低工资为800比索。如果雇用18岁以下的佣人，应当给予其受教育的机会。

在雇佣外籍劳动者方面，任何外籍人士，无论是否常驻菲律宾，在菲律宾就业都需获得劳动部门的批准。批准的有效期为一年，如有需要可以续期。

由于菲律宾本身也是劳务输出大国，为了更好地保护海外劳工在海外的合法利益，菲律宾在外交部设立了海外劳工事务局，处理与菲籍海外劳工相关的一切事物。比如海外维权、税收方面提供优惠、为回国投资经商的劳工提供各种福利等等。

①陈云东主编：《菲律宾共和国经济贸易法律指南》，北京：中国法制出版社，2006年版，第140页。

第六节　菲律宾资源开发的相关法律

土地对于菲律宾这个群岛国家来说重要性不言而喻。菲律宾土地所有权目前只限于具有菲律宾国籍的自然人、法人和社团。外国人、外国公司不得直接拥有菲律宾土地的所有权，但可以按照一定的程序和条件租赁土地、合资开发。《公共土地法》和其修正法案规定：所有的土地权属证书的取得都必须向国家土地局申请，由国家土地局以菲律宾政府的名义签发，所有相关证书都必须由国家土地局制作。国家鼓励外国投资者遵循相关规定，投资工业、建筑业、农业、工商业、旅游业。

除了土地，菲律宾通过立法来保护其他自然资源，比如《水法》《矿产法》《石油法》《电力危机法》《植物多样性保护法》《野生生物资源保护法》《珊瑚资源发展与保护法令》《海洋污染治理法》《菲律宾空气洁净法》等等。1977年的《菲律宾环境法典》明确为开发过程中对水、空气、森林、土壤等环境资源的保护作出了规定。因为菲律宾是个海岛国家，因此涉及海洋和珊瑚、石油等海洋资源的规定极其丰富。需要提及的是，菲律宾的矿产资源所有权属国家所有，其他法律主体只享有使用权、受益权、开采权等等权利。

除了土地资源外，菲律宾在保护生物资源方面的法律非常完整、科学。菲律宾所在的西太平洋地区是世界上生物数量、种类都非常丰富的地区，拥有3,000多种珊瑚礁。菲律宾同时也是森林生物栖息的乐园，拥有1万多种植物，占世界植物物种总数的5%，包括裸子植物、蕨类植物、苔藓、真菌、藻类等等。爬行类、鸟类、哺乳类、软体动物的品种也很多。但是在过去的30年间，由于人类过度干预自然环境，菲律宾70%的原始红树林遭到破坏，原始森林的范围在缩小，珊瑚生存的环境也不比从前。因此菲律宾积极制定保护生物多样性的相关法律政策，推动保护生物多样性的法制进程。至今，菲律宾已经建立了以宪法为主导的保护生物多样性的法律政策体系。菲律宾1987年宪法规定，野生生物、动物属于国家，其处置、开发、利用由国家控制和监管。《国家一体保护区系统法》（1992年）规定，为了确保所有本土植物和动物的永久生存，应当建立一个综合性的保护区系统，并对其予以管理，该系统将覆盖稀有和濒危动植物栖息地、生物地理以及相关生态系统的区域。1995年的《为科学、商业和其他目的开发生物与遗传资源、其副产品和衍生物确立指南、建立管理框架的第247号行政令》规定，国家管制生物与遗传资源的开发，并促进技术自立。此外，《关于生物与遗传资源开发实施规则与条例的第96-20号行政令》（1996年）、《本土居民权利法》（1997年）、《野生生物资源保存与保护法》（2001年）、《群体知识产权保护法案》（2001年）[①]也多次重申生物资源的宝贵、维护生物多样性的重要性。

值得注意的是，菲律宾宪法规定，对菲律宾任何自然资源的处置、勘探、发展、开采或利用，只限于由菲律宾公司或资本至少60%为菲律宾公民所有的公司或社团享用。这一规则也同样在《公共土地法》《森林法》《矿业法》和《渔业法》等特别法中得到强调。

①陈宗波：《菲律宾生物多样性及其相关知识的立法及对中国的启示》，载《河北法学》，2008年第11期。

第七节 菲律宾的刑法

菲律宾《修正刑法典》自1932年1月1日起生效，分第一册《总则》、第二册《犯罪与刑罚》和附则。第一册的主要内容包括：第一编犯罪和影响刑事责任之情形；第二编刑事责任主体；第三编刑罚；第四编刑事责任之消灭；第五编民事责任。第二册的主要内容是：第一编危害国家安全罪与违反国家法律之犯罪；第二编违反国家基本法之犯罪；第三编危害公共秩序罪；第四编危害公共利益罪；第五编有关鸦片和其他禁止毒品罪；第六编危害公共道德罪；第七编渎职犯罪；第八编侵犯人身罪；第九编侵犯人身自由与安全罪；第十编侵犯财产罪；第十一编侵犯贞节罪；第十二编侵犯个人公民身份罪；第十三编侵犯名誉罪；第十四编准犯罪。

菲律宾的死刑制度经历了一波三折。现行刑罚判处死刑的罪名包括叛国、谋杀、绑架、强奸等7项，第二次世界大战期间曾经将间谍罪列入其中。第二次世界大战后的近20年内，菲律宾约有30多人被判死刑。到了马科斯总统时期，为了应对国民反政府的情绪和紧张的局势，国会将走私、劫机、勒索等罪名列入死刑罪名，致使死刑罪名共计24条。1987年，科拉松·阿基诺夫人领导的政府使菲律宾成为当代历史上第一个对所有罪行都免除死刑的亚洲国家，之前的死刑犯人都改判为终身监禁。某种程度上来说，这与菲律宾的天主教信仰有关，更是希望对马科斯强硬的军政政策的弥补。而之后的拉莫斯政府在1993年促使国会通过恢复死刑的法案，从1994年1月起生效。这一时期执行死刑的工具由电椅变成药品注射，并且菲律宾划分了强制性死刑罪名和适用性死刑罪名。然而由于死刑是个备受争议的话题，事实上没有一个犯人被真正执行死刑。1999年2月5日，莱奥·埃彻盖雷伊因强奸继女成为死刑废止23年以来第一个被执行死刑的罪犯，之后的两年内，共计6人被处决。2000年菲律宾政府又再次冻结死刑。2001年的阿罗约总统表示反对采用死刑。因此，通过刑法被判死刑的人不断增多，但是事实上没有真正被执行。直至2003年阿罗约总统取消了中止死刑的决定。然而2007年，死刑在菲律宾又一次被废止。

死刑制度在菲律宾如此棘手，是因为政界、司法界不得不面对天主教会的力量。一方面，菲律宾犯罪率高，绑架现象多发，另一方面，菲律宾国民中，85%都是虔诚的天主教徒。天主教不主张死刑，信仰与司法之间的矛盾在菲律宾引发了巨大的争议。

第八节　菲律宾的法律援助

菲律宾是一个发展中国家，其贫困人口较多。菲律宾政府偕同天主教会、非政府组织从多方面对各种各样的弱势群体给予法律援助，为处在社会底层的群体伸张正义。

菲律宾有70%的人生活在农村。《宪法》第二章“国家原则与政策的宣布”规定国家促进农村的综合发展和土地改革。第十三章“社会公平和人权”规定不得以贫穷为理由拒绝任何人向法院或其他司法机关提出诉讼，或拒绝向其提供正当的法律援助。1988年通过的《综合土地改革法》（*Comprehensive Agrarian Reform Law*）意在通过明确的土地及设施的分配促进社会公平、公正，通过改革农民维权的方式建立起一整套法律援助体系，便于大学毕业生、律师等为农民提供免费的法律援助，提高农民的经济和社会地位。

除了农民之外，原住民也是一类容易被忽略的弱势群体。他们广泛居住在北部山区、南部棉兰老岛，和其他一些偏远的小岛上。他们由于历史、文化、经济方面的原因与菲律宾政府时有冲突，政府的一些矿产开发项目也常常触及当地原住民的利益，因此，原住民合法权益的保障受到了威胁。《宪法》提出对原住民的财产权、文化权、传统习惯应当给予保护。1996年菲律宾还通过了《原住民权利法》，为保护原住民地区代代相传的物质、精神文化遗产奠定了法律基础。

一、来自政府的法律援助

政府建立了专门的法律援助机构，如菲律宾公职律师办公室（Public Attorney's Office，简称PAO），[①]司法部每年为PAO提供资助，PAO的律师和工作人员专门为贫穷的人提供法律咨询，代理民事、刑事、行政案件，提供专业的法律援助。除此之外，菲律宾律师联合会（Integrated Bar for the Philippines）作为一个全国性的律师协会，法律援助也是它的主要内容之一，IBP的援助对象中半数是农民或农业工人，还资助一些支持妇女权利的发展性法律援助项目，并与联合国儿童基金会合作，提供关于妇女和儿童权利的培训。

二、来自法学院的法律援助

菲律宾目前有107所法学院。调查显示，大约有28所法学院（占总数的31%）已经制定了专门的法律援助方案；有23所法学院（占26%）声称开设了实务法律教育课程（Clinical Legal

①曹海晶：《菲律宾农民权益保障的考察报告》，收于杨睿、[菲]梅迪纳主编：《菲律宾的公益法实践》，法律出版社，2010年。

Education），即将学术理论教学与实际应用相结合的课程。[①]早在1986年，最高法院出台了第138-A号法案——《法律专业学生实习规则》（Law Student Practice Rule），允许法律专业的高年级学生在修习过“实务法律教育课程”之后，可以在正式律师的监督、指导下，无偿地为贫困人士代理各类民事、刑事、行政案件。法学院学生在学习阶段能够有独立代理案件的机会，提高了办案能力，并且培养了与贫困人民的亲近感，树立了为贫困人口伸出援助之手的社会正义感。这些法学专业学生被称为“准律师”。“准律师”还可以是普通劳动者，他们不是律师，但受过严格的法律培训，立足于社区，向普通民众提供通向法律和司法之路的快捷途径。尤其是在乡村地区，“准律师”这样的方式为向民众普及法律作出了重要贡献。

三、来自非政府组织的法律援助

菲律宾的非政府组织发展极其迅速，目前是拥有全球第三大非政府组织的发展中国家。宪法规定，国家尊重独立的人民团体的作用，鼓励公民以民主的方式通过和平手段追求和保护其合法利益及其理想。不得剥夺公民及人民团体在一定程度上有效参与各级社会、政治和经济决策的权利。[②]在菲律宾，关注弱势群体的非政府组织有4,000多个，大部分成立于20世纪80年代。非政府组织关注的领域包括土地、水资源、农村发展、妇女权益、法律与政策建议、教育、环境污染、健康、弱势群体的生存权利等等。

1986年成立的菲律宾雅典耀大学人权中心（Ateneo Human

---

①卡洛斯·P. 梅迪纳：《法学院与法律援助：菲律宾的经验》，收于杨睿、[菲]梅迪纳主编：《菲律宾的公益法实践》，法律出版社，2010年。

②《1987年菲律宾宪法》第8条。

Rights Center）是一个非政府组织，以高校的法学院为基础，并与法学院合作，致力于培养人权方面的律师和辩护人，监督政府遵守其颁布的人权方面的法案，对广大公众进行法律和人权教育。尤其值得一提的是，不少法学院学生通过人权中心的资源找到了实习机会。这些实习项目可分为五类：法律援助、儿童权利、妇女权利、原住民权利、特别项目组。[①]像人权中心这样的非政府组织为妇女、儿童、海外劳工、难民、城市贫民、农民、渔民、原住民等弱势群体建立了法律援助的途径，也为立志于从事人权维护工作的年轻人提供了很好的平台。

"非主流法律社团"（Alternative Law Groups）也是一个致力于帮助群众通过其他途径申诉法律权益方面诉求的非政府机构。ALG十分注重人权、法律教育和研究、法律政策改革。在ALG内部共有18个组织，各自有不同的工作侧重。比如巴拉奥德（Balaod）组织就特别关注农民问题。2007年，ALG通过巴拉奥德向众多农民提供法律援助，这些农民都曾从南部城市布基农步行1,600公里来到马尼拉，通过长途跋涉的方式表达愿望，希望政府对农业改革中农民权利加以重视和保护。

"卡伊萨罕"（Kaisahan，意为"团结"）是一个致力于农村土地改革和农村发展、为农民提供法律援助的非官方法律服务组织。在菲律宾酝酿农业改革的契机之下，"卡伊萨罕"于1990年6月5日成立了。它承认农业改革不是完美的，但是在有限的条件之下将农民的利益最大化，让农村地区在农民的广泛参与下实现稳步发展，同时环境得到保护。

"萨利甘"（Saligan，Sentro ng Alternatibong Lingap Panligal）是1987年由两位律师和一位法学院学生建立的，现在

①拉芙丽安·C. 卡洛斯：《阿特尼奥人权中心简史及其实习项目》，收于杨睿、[菲]梅迪纳主编：《菲律宾的公益法实践》，法律出版社，2010年。阿特尼奥即雅典耀。

是菲律宾最大的民间公益法机构。“saligan”的意思是基础，如同这个名字所展示的那样，这个组织致力于为处在最基层、最边缘的人群提供法律宣传、法律援助、维护权利等方面的服务。

“雨伞组织”（Umbrella Organization）是一家国际性的从事法律服务的非政府组织联合机构，由包括以上的共19家非政府组织组成，在菲律宾知名度也很高，旨在对穷人提供经济、法律方面的援助。

第五章
投资指南

本章导读

☆菲律宾作为一个发展中的农业国，经济结构单一，但市场潜力较大。菲律宾的农业、渔业、工业及旅游业等方面都蕴藏巨大商机，是广大投资者的重要投资领域。另外，投资蕴含着风险，在菲律宾投资之前，要做好风险分析，建立一套防范风险的措施，并了解相关的救济渠道。此外，在菲律宾经商必须熟悉并适应当地特殊的贸易环境和文化背景，并要尊重当地的风俗习惯，做到入乡随俗。

第一节 菲律宾投资现状

菲律宾的人口在东南亚诸国中排在前列，且出生率较高。据统计，2009年菲律宾全国人口为9,168万，年增长率为1.728%。估计到2014年，菲律宾的人口将超过1亿。造成这种状况主要是因为菲律宾的传统与宗教信仰，菲律宾人对于家庭非常重视，希望家庭人丁兴旺，同时天主教对家庭生育没有限制，反对人为干预人口生育。因此菲律宾的人口增长率一直居高不下。

菲律宾的自然资源种类繁多，其中矿产资源尤为丰富。在已经探明储量的矿藏中，就有13种金属矿和29种非金属矿，其中金属资源主要包括：铜、镍、金、银、铬、铁等，非金属矿产资源主要包括：石灰石、大理石、石油、煤等，其储量和种类在世界矿产资源中都占有重要地位。①菲律宾的气候条件优越，因此动植物资源也非常丰富。菲律宾的兽类动物较少，哺乳动物虽然种类繁多，但是多数为翼手目、啮齿目与食虫目。菲律宾的鸟类繁多，大概有850多种，其中3/4是本地独有的。菲律宾的水产资源也很丰富，金枪鱼、沙丁鱼、比目鱼等都是菲律宾重要的海产品。菲律宾的植物资源丰富，全国森林覆盖率达到53%，树种有2,500多种，此外菲律宾还盛产各种热带水果，供出口和内销。②

菲律宾在20世纪60年代后期，采取开放政策，积极吸引外资，经济发展取得显著成效。1982年被世界银行列为“中等收入国家”。此后受西方经济衰退和自身政局动荡影响，经济发

①马燕冰、黄莺：《菲律宾》，北京：社会科学文献出版社，2007年，第7–9页。

②同上，第9–12页。

展明显放缓。截至2011年，菲律宾经济发展水平在东南亚国家中居中等水平，贫困人口比例较大，约占总人口的40%。

2003—2007年，菲律宾经济保持年均5%以上的稳定增长。2007年菲律宾经济高速增长，国内生产总值（GDP）增长7.1%，创31年来的最高纪录，GDP总量达到1,446亿美元，人均GDP为1,630美元。2008年，因受美国经济衰退影响，菲律宾经济面临巨大挑战，GDP为1,686亿美元，增长3.8%。

菲律宾的一大优势是拥有廉价而受过教育的讲英语的劳动力。加之菲律宾劳动成本大大低于发达国家的工资水平，因而吸引了大量西方公司把业务转移到菲律宾。但是，菲律宾也存在政局不稳、贪腐、基础设施陈旧和法制改革进展缓慢等问题。经济发展急需的各项改革仍在国会争论不休；旨在吸引私有资金的BOT计划[①]只取得有限的成功。

世界经济论坛《2008—2009年全球竞争力报告》显示，菲律宾在全球最具竞争力的134个国家和地区中，排名第71位。[②]

一、菲律宾的基础设施[③]

全国公路通行里程约20万公里，国家级占15%，省级占13%，市镇级占11%，其余61%为乡村土路，可全天候通行的里程不及一半。高速公路总长200多公里。全国共有7,743座桥梁。铁路总长1,200公里，主要集中于吕宋岛，其中可运营的铁路400多公里，但设施较为陈旧，运力有限。

空运方面，每天或每周都有多个航班从马尼拉飞往亚洲及

①BOT是Build-Operate-Transfer的缩写，直译为“建设—经营—转让”指基础设施建设经营和转让的过程。

②《菲律宾的投资贸易环境》，http：//www.fdi.gov.cn/pub/FDI/dwtz/ggtzzc/yz/flb/t20090827_110451.htm，查询日期：2011年1月24日。

③同上。

美国、欧洲与中东的主要城市。该国共有203个机场，其中8个为国际机场（重要的国际机场位于马尼拉和宿务）；85个为国营机场，118个为私营机场，但很多机场设施落后，许多省会机场是土石跑道的简易机场。

水运方面，菲律宾共有414个主要港口。大多数港口需要扩建和升级，以容纳大吨位轮船和货物。菲律宾的集装箱码头设施较完善。但由于国内航运被少数几家公司垄断，运费较为昂贵，一定程度上制约了物流业发展。

通信方面，菲律宾的通信基础设施发展良好，能力属于中上水平，且21世纪以来一直在扩建。

电力方面，在亚洲国家中电价仅次于日本，增加了企业的营运成本。2007年，菲律宾全国发电总装机容量为15,000兆瓦。2008—2014年，菲律宾至少还需要新增5,000兆瓦的发电能力。政府将通过对菲律宾国家电力公司进行私有化改革等工作，努力提高发电量，降低电价水平。

二、投资领域①

（一）农业

菲律宾自然条件较好，全年都能种植水稻，农业发展潜力很大。但截至21世纪初其农业仍处于自然经济状况，一家一户分散经营，栽培管理粗放，水利设施不齐全，机械作业程度低，科学种植水平不高，规模化经营程度更低。我国有关企业在技术培训、资助兴修水利、培育良种的基础上通过合作经营的方式，将中国的农业技术和经营管理经验同菲律宾的自然条件结合，拓展农业合作新方式。

①《东盟十国投资指南之六（菲律宾篇）》，http://www.gxfao.gov.cn/gxfaohtml/tzzn/152731628.html，查询日期：2011年1月24日。

同时，两国进出口的农产品具有互补性。如香蕉、椰子等热带水果及其加工品可向中国出口，中国北方的苹果、梨、柑橘等水果则可出口到菲律宾。

（二）制造业

在制造业方面，中菲两国合作空间巨大。菲律宾拥有丰富的生产工业产品的初级原料，如铜、镍等金属；中国则在资金以及技术方面拥有优势。因而，中方工业企业可在家用电器产品、发电和输变电设备生产等方面进一步加强与菲方合作。

（三）矿产业

中国是矿产资源相对贫乏的国家，菲律宾则拥有丰富的矿产资源和与中国邻近的优越地理位置，这些因素使其成为中国在海外开发矿产资源的理想地区。中菲合作开发菲律宾的矿产资源，将为两国带来双赢的局面。

（四）基础设施建设

菲律宾中期发展计划中列出12项对外招商的特别项目，其中基础设施建设项目有六项：三项机场建设项目（连接菲律宾北的旁劳、北巴拉望、卡提克兰机场，连接吕宋北部的圣费南多机场，作为仓储交通枢纽的马卡帕噶尔机场），一项高速公路建设项目（SLEX/STAR高速公路），一项铁路建设项目（Northrail/Southrail Complex），一项海港建设项目（Aparri Port）。中国与菲律宾已有较成功的基础设施投资建设及劳务承包合作经验，中国公司已为菲律宾提供工程服务约400项，包括公路、桥梁、港口、码头、发电及输变电、农村供水、矿山开采等。这些成功的合作经验必将为双方的进一步合作创造有利的条件。

三、投资障碍、风险及防范[①]

（一）投资风险

1．基础设施较为落后。无论是陆路、水路、航空方面的基础设施都相对落后。

2．汇率波动较大。经历了1997年东南亚金融危机后，菲律宾金融体系得到一定程度的健全，但受经济规模和结构的制约，菲汇市波动加大。2007年菲律宾比索兑美元升值幅度达19%，成为亚洲表现最强劲的货币，2008年比索却又大幅贬值，一度创下2年来最低纪录。因此，中国企业在菲开展经营活动要注意规避汇率风险。

3．政治和商业腐败问题较为突出。在多个国际组织关于清廉程度的排名中菲律宾名次都较为靠后。如在“透明国际”2007年的清廉国别排名中，菲律宾位列180个国家和地区中的131位。

4．社会安全和自然灾害风险。中国企业在菲还应当注意政治波动、恐怖活动、治安欠佳等安全形势的影响，特别是去边远山区和棉兰老岛等地区投资更要注意当地安全局势，妥善处理与当地政府、军队、教会以及民众之间的关系。菲律宾还是自然灾害频发的国家，应提高对台风、地震、泥石流以及火山等自然灾害的警惕性和防范意识。

（二）防范措施

1．熟悉菲律宾有关投资法律法规。菲律宾投资法律对于大多数产品在菲境内销售的外商投资一般有不超过合资公司40%股份比例的限制，少数行业在股份比例上有一定浮动，出口型

---

①《东盟十国投资指南之六（菲律宾篇）》，http：//www.gxfao.gov.cn/gxfaohtml/tzzn/152731628.html，查询日期：2011年1月24日。

产业的外商投资可控股或独资。因此中国企业在菲投资应充分了解有关投资法律法规，积极参与菲律宾投资署公布的《投资优先计划》中鼓励投资的领域，或根据《菲律宾经济特区法案》申请经济特区企业有关优惠政策。

2. 认真进行实地考察调研。菲律宾岛屿众多，各地在语言文化、宗教信仰、基础设施、安全局势、政策优惠等方面都存在一定差异。来菲投资一定要进行认真、细致的实地调研，寻找最适宜投资的地区，切忌道听途说，盲目投资。

3. 处理好与政府和议会的关系。菲律宾长期受西方政治的影响，形成了行政、立法和司法三权分立的政治体制，三者相互制约、相互协调。此外，菲律宾的地方政府在处理当地事务中也有较大的权限。因此中国企业要在菲律宾建立和谐共赢的公共关系，需要妥善、平衡处理与有关部门和地方的关系。企业应主动关心菲律宾的政局走向和变化，关注菲律宾所处的国际环境和主要国际关系，熟悉有关部门和地方政府的职责分工，了解政府政策的最新走势和计划的执行能力，把握与有关部门和官员交往的技巧和尺度，注意判定所获取信息的真伪和可靠性。

4. 尊重当地风俗习惯。菲律宾人风俗习惯与西方接近，是亚洲最为西化的国家之一。国民大多信仰天主教，性格比较温和，普遍喜欢逛商场、泡酒吧、看拳击、打篮球等活动，上层人士还喜欢高尔夫运动。中国人在菲律宾工作和生活应了解并尊重当地文化，特别是尊重当地宗教信仰和生活习惯。

5. 依法保护生态环境。菲律宾作为群岛国家比较注重环境保护，特别是对于部分行业有较为严格的环保要求。除政府专门设立环境和自然资源部外，教会以及民间组织对于环保都呼声较高。中国企业在菲律宾投资设厂要注意遵守有关环保法律法规的要求，特别是矿业企业只有在做好环保评估后才能获得有关部门颁发的开采权。

6. 承担必要的社会责任。中国企业在获得经济利益的同时，还应注重项目的社会效应，积极回馈当地社会和民众，建立起长期友好的关系，实现互利共赢、科学发展的良好局面。中资企业可学习借鉴当地华人社团和西方公司的有效做法，积极融入当地主流社会，与当地公民和谐相处。如菲华社会长期以来通过菲华志愿消防队、菲华义诊队和捐建农村校舍三大慈善活动方式（被称为“菲华三宝”），改善与当地人的关系。

四、中国公民如何确保在菲安全①

20世纪90年代以来，菲律宾政局动荡，经济形势恶化，各种政治矛盾、民族冲突、宗教隔阂激化，社会贫富悬殊加剧，治安状况较差，绑架、爆炸、抢劫案件时有发生。同时，菲律宾公民在申请持枪证后可合法拥有枪支，但一般不可随身携带，只能放在家中或私家车上。

建议中国赴菲者应注意人身安全，尽量不去南岛旅游，夜间不在吕宋岛北部和中部农村地区旅行，在马尼拉应减少夜间外出，尽量不去人多拥挤和人迹稀少处，如遇游行和兵变不围观，宜选乘正规出租车，切勿暴露个人财物，如遇抢劫不要进行无谓的反抗，以免遭受更大的人身伤害。

中国驻菲律宾大使馆

地址：4896 Pasay Road， Dasmariñas Village， Makati，Metro Manila， the Philippines

电话：+63（2）8443148， 8437715

---

①《东盟十国投资指南之六（菲律宾篇）》，http：//www.gxfao.gov.cn/gxfaohtml/tzzn/152731628.html，查询日期：2011年1月24日。

传真：+63（2）28452465

中国驻菲律宾大使馆经商处

地址：No.10 Flame Tree Road，South Forbes Park，Makati，Metro Manila，the Philippines

电话：+63（2）8195991

传真：+63（2）8184553

五、会展行业[①]

（一）菲律宾电力工业展览会

菲律宾电力工业展览会是目前菲律宾最大的电力工业展览会，每两年主办一次，已经成功举办了五届，往届知名的参展企业包括ABB、西门子、施耐德、阿海珐、阿尔斯通、三菱电机、富士电机、伊林变压器、法国电力公司、现代重工、美国乔斯林、韩国电力公司，德国MR，菲律宾国家电力公司、NKT电缆、宝胜电缆、西屋电气、中国西电集团公司等。参展产品包括输配电设备、电网自动化技术及设备、电能计量产品、发电设备、电力施工工具、低压电器和建筑电气、电厂环保产品。菲律宾国内受邀观众包括：大型电力设计院、大型项目/基建工程承建商、电力电工设备制造商、电力物资公司、工业用户等。

（二）菲律宾宿务制造业工业展

菲律宾宿务市拥有超过300万的人口，是沟通菲南部及北部市场的重要桥梁，是菲律宾第二大及经济增长最快的城市。菲律宾宿务制造业工业展作为其国内著名的工业展，截至2010年已成功举办了15届，参展范围包括：（1）机械、设备、工具、

---

①《东盟十国投资指南之六（菲律宾篇）》，http：//www.gxfao.gov.cn/gxfaohtml/tzzn/152731628.html，查询日期：2011年1月24日。

技术设备、五金配件、木材干燥、纸浆及纸张行业、木工及家具行业、机械配件、家具配件、房屋建筑及细木工业废料循环利用、木材能源。（2）电脑设计与电脑制造系统。（3）金属加工切割器材。（4）熔焊与衔扣器材、工具机、工业自动化。

六、商务礼仪①

日常见面时，无论男女都握手，男人之间有时也拍肩膀。拜访商界或政府人士，宜穿西装，需事先预约时间，由秘书安排。菲律宾人的时间观念不很严格，但客人最好准时赴约。

菲律宾人天性和蔼可亲，善于交际，作风大方。同菲律宾人打交道时，应避免“面无表情”，或是“三缄其口”，否则会被认为不愿意跟他们打交道。

商务洽谈中，对于对方所提出的无理要求，要明确地予以回答，不能暧昧不明。选举期间，禁止喝酒，商店里禁止售酒。收小费在菲律宾十分普遍，乘坐出租车和旅馆住宿一般要付小费。

第二节　投资指南

一、设立公司②

（一）设立公司的资本要求

在菲律宾设立分公司或注册独资公司，应至少向菲律宾

①《东盟十国投资指南之六（菲律宾篇）》，http：//www.gxfao.gov.cn/gxfaohtml/tzzn/152731628.html，查询日期：2011年1月24日。

②《如何在菲律宾设公司》，http：//www.caexpo.org/gb/biz/business_guide/invest/t20041106_18368.html，查询日期：2011年1月24日。

银行汇入（含设备、技术作价）投资20万美元（如先进技术企业或雇50名菲员工，可减为10万美元）。菲律宾证券委、投资署在得到菲律宾银行出具的有关证明以后，才考虑办理注册手续。但注册手续较为简单，一般在1个月左右即可办妥。

设立合资公司注册手续比较快，而且在投入资金方面不受20万美元的最低限制。按有关规定，最低注册资金为2万比索，最低实缴资本为5,000比索（约200美元）即可，但除新行业及产品出口超过70%的企业外，一般行业菲方股份必须占60%以上。如要设立此类公司，首要前提是必须在菲律宾找到合适的有信誉的合作伙伴。

独资公司与合资公司在政策待遇上无区别，菲律宾政府的优惠政策主要是根据投资行业、地区或产品是否出口划分的，与是否独资及投资比例关系不大。

（二）申请程序

（1）立项。由公司行文向我国公司所在省（市）级外经贸委发申请，省（市）外经贸委向我驻在国使（领）馆经商务处（室）征求意见后报外经贸部审批；

（2）准备新建公司的组织章程；

（3）向菲律宾证券委申请公司名称，经审核无重名后才能注册；

（4）向菲律宾银行开立账户，汇入或存入注册所需资金，并由银行出具证明；

（5）向菲证券委申请注册（如为独资公司，则申请注册的机构为菲律宾贸工部国内贸易局）。如外籍投资者的股份超过40%，须向菲律宾投资署申请营业许可权：如在有优惠待遇的行业投资并要获得优惠，在菲证券委注册后，再报菲投资署审批；

（6）向公司营业地市长办公室申请营业许可证；

（7）通过营业地会计师行向菲律宾税务局登记，申请纳税编号、印制或购买增值税发票；

（8）向菲律宾社会保险署和劳工就业部注册公司职工表。

办理注册登记需向菲律宾有关部门提供文件材料：

（1）申请表一式5份；

（2）菲律宾证券委确认申请为非重复名字（注册公司名称批复单）；

（3）我国内公司董事会决议在菲律宾设立公司的授权书（译成英文，经公证）；

（4）我国内公司最近一年财务报表（经会计师事务所审核出具证明）；

（5）我国内公司章程（英文）；

（6）菲律宾银行出具的注册资金证明、财政宣誓书、检查银行账户的授权书及菲律宾证券委要求的其他有关文件。

（7）我国内公司情况调查表。

第（3）、（4）、（5）项应由我国外交部领事司认证后经菲律宾驻华使馆或领事馆的再认证。

驻菲律宾公司人员，可先向菲律宾驻华使馆（领事馆）申请访问签证，持此类签证允许滞菲律宾59天，到期后还可申请延长4个月，持证人员可在此期间办理长期工作签证，期限为1年。外国公司在菲投资企业的派出人员一般为公司总员工的5%。

二、菲律宾税收[①]

菲律宾现行税制中的主要税种是：公司税、个人所得税、增值税、社会保障税、附加福利税等。

---

①http：//www.he-n-tax.gov.cn/qhdgsww/gszt/ssxdzt/200901/t20090112_170210.htm，查询日期：2011年1月24日。

（一）公司所得税

1997年菲律宾通过税改法案，对国内收入法典进行了重大修正，该法案已于1998年1月1日生效执行。该法案包括征收附加福利税、最低公司所得税，以及对外币储蓄取得的所得征税。

1. 纳税人

根据菲律宾法律建立或者组建的公司，或者在菲律宾从事贸易或者经营的公司，是公司所得税的税收居民。

2. 征税对象、税率

对于外国居民公司，仅就其菲律宾来源的所得缴纳公司所得税，其征税方法同于国内公司。对于外国非居民公司，其来源于菲律宾境内的所得，在一般情况下其征税方法也同于国内企业。

对于国内公司来说，其所有来源的净所得适用35%的公司所得税税率（自2009年1月1日起，税率将减为30%。自其开始经营的第四个应纳税年度起，就总所得征收2%的最低公司所得税（MCIT）。对于私立教育机构和非营利医院，其从事与教育、医疗无关的贸易、经营所得不超过其总所得50%的，其净应纳税所得适用10%的税率；对于其非相关活动超过所有来源所得50%的，税率为35%；对于其所有财产和收入实际上直接完全用于教育目的的非营利教育机构，免予征税。

对于外国居民公司的征税，一般适用国内公司相同的税率。对于外国非居民公司，其来源于菲律宾境内的毛收入，通常按照35%的税率征税。但是其在保险的保险费收入免予征税；其外国贷款利息的税率为20%；其从国内公司取得的股息，如果该外国公司的所在国对该项股息免予征税，或者视为已征税按照20%给予抵免，则该项股息在菲律宾适用15%的最终预提税；如果股息的收款人是与菲律宾签订协定的国家的居民，则可以适用较低的协定税率。

关于预提所得税。对于公司和从事经营的个人向非居民支付的一些类型的所得，被要求扣除适当的税收。对于支付给非居民外国公司的款项，预提税率为32%；对于支付给不在菲律宾从事贸易或者经营的非居民外国人的款项，其预提税率为25%，有税收协定的除外。按照规定，对于菲律宾国民向非居民船舶所有者支付的租金和包租费，适用4.5%的最终预提税；对于菲律宾国民向非居民飞机、机械和设备的所有者支付的租金，适用7.5%的最终预提税。

关于非适当留存收益税。对于公司为了逃税的目的不向股东分配留存收益，就其非适当留存收益额，征收10%的非适当留存收益税。公有公司、银行和非银行金融中介机构和保险公司除外。

应纳税所得额和应纳税额的计算：

存货计价：通常按照成本计价，或者按照成本与市价孰低法计价。在税收上不允许使用后进先出法。

折旧方法：尽管企业可以选择任何合理的方法计算折旧，但是通常是按照直线法计算折旧。

资本利得：销售不同的资本财产取得的资本利得，其适用的税率不同。所发生的资本亏损仅可以在资本利得中扣除。

亏损结转：对于企业任何应纳税年度发生的净经营亏损，允许向后结转3年。

（二）个人所得税

1．纳税人

菲律宾对其居民公民的境内外所得征税。对于非居民公民，以及无论是否是菲律宾居民的外国人，只就其在菲律宾境内来源的所得征税。非居民外国个人来到菲律宾，在一个日历年度内停留超过183天，将被视为在菲律宾从事贸易和经营的非居民外国人，否则，该个人不被视为在菲律宾从事贸易和经营的非居民外国人。

2．征税对象、税率

对于居民外国人和从事经营的非居民外国人取得的报酬，以及任何受雇或者从事专业劳务的个人，无论公民或者居民外国人，其税率如下：

表5-1　菲律宾个人所得税税表

级数	应纳税所得额	税率（%）
1	不超过10,000菲律宾比索的部分	5
2	超过10,000菲律宾比索至30,000菲律宾比索	10
3	超过30,000菲律宾比索至70,000菲律宾比索	15
4	超过70,000菲律宾比索至140,000菲律宾比索	20
5	超过140,000菲律宾比索至250,000菲律宾比索	25
6	超过250,000菲律宾比索至500,000菲律宾比索	30
7	超过500,000菲律宾比索的部分	32

应缴纳所得额和应纳税额的计算

对于从事经营或者专业服务的个人，其下列经营费用，可以从总所得中扣除：（1）在该纳税年度发生的与其贸易、经营或者专业活动有关的正常费用，包括原材料、物品和直接劳动。（2）实际提供个人服务取得的工资和其他形式的报酬，包括附加福利的货币价值以及经营或者专业活动所发生的履行费用。（3）经营租赁费。（4）在纳税人从事贸易、经营或者专业活动的有关纳税年度所支付或者发生的利息，减去一定百分比的利息所得。（5）不超过规定限额的招待费。（6）各种税收。（7）亏损、坏账和折旧。（8）一定限额的慈善和其他赠与。（9）研究和开发费用。

对于居民外国人，以及在某些条件下，在菲律宾从事贸易和经营的非居民外国人，可以享受个人免税待遇。单身者所允许的个人免税额为20,000菲律宾比索；户主25,000菲律宾比索；已婚者32,000菲律宾比索；对于已婚者的每个未成年子女（不超过4个），允许额外扣除8,000菲律宾比索；对于年总所得不超过250,000菲律宾比索的家庭，允许扣除不超过2,400菲律宾比索的健康或者住院保险的保险金款项。

（三）社会保障税

在2002年度，每个纳税人应支付的年社会保障和健康缴款最多为7,500菲律宾比索。

（四）附加福利税

对于雇主向其管理和监督层的雇员提供的附加福利，就其附加福利的货币价值，征收32%的最终附加福利税。所谓附加福利，包括：住房、家政服务人员、交通工具、国外旅费、休假费等等。该税按季由雇主支付，是最终税收，可以作为附加福利费用扣除。适用附加福利税的附加福利，不再计入雇员的应纳税所得额。

（五）增值税

增值税适用于提供服务、进口产品、销售、易货贸易、调换、租赁货物或者资产（有形资产或者无形资产）。自2006年2月1日起，增值税税率为12%。其税基是所售货物或者资产的总售价或者提供服务收到的总收入。对于进口货物，其税基为海关部门在确定关税时所使用的价值，加上关税、消费税（如果有的话），以及其他附加。如果海关部门采取按照容积或者数量确定价值，其增值税的税基为到岸成本。办理增值税税务登记的标准为年销售额150万菲律宾比索以上。此外，对于政府合同的款项适用5%的最终预提增值税。某些交易适用零税率或者免征增值税。

（六）主要税收优惠

对于先进企业或位于不发达地区的企业，以及位于不发达地区的非先进企业和产品出口企业，在公司所得税方面，可以享受定期免税或者按照减低税率纳税。对于位于不发达地区的先进企业，自开始商业经营或者目标经营之日（以其两者中的较早者为准）起，6年内全额免除公司所得税；对于位于不发达地区的先进企业，免税期为4年；对于扩大出口型企业，免税期为3年。如果符合以上各条件，所享有的免税期最长不超过8年。对于设在大马尼拉区的企业新建项目和延期项目，不再享受免税期。

对于进口育种材料和遗传材料，享受10年免除关税和一切税收。

三、经商注册规定

（一）一般规定[①]

1. 经商注册规定

在菲律宾注册企业，须按以下规定到有关部门办理相关手续：

（1)申请注册法人企业（5人以上）和合伙企业（3人以上）——证券交易委员会；

（2）申请注册商业名称和独资企业（以个人名义办公司）——贸工部；

（3）申请注册226号行政令或综合投资编码下的享受优惠

①引自中华人民共和国驻菲律宾共和国大使馆经济商务参赞处网站，查询日期：2011年1月24日。

企业——投资署；

（4）申请注册其他享受优惠的投资促进代理机构——菲律宾经济区署、大苏比克湾自由贸易区署、克拉克发展公司、卡加延经济区署、Phividec行业署和三宝颜经济区署；

（5）外国投资（以资本回收和利润汇出为目的）注册——菲律宾中央银行；

（6）取得税收证明号——国内税务局；

（7）取得在大马尼拉地区的经商许可——大马尼拉发展署；

（8）取得顾主社会保险号——社会保险系统；

（9）取得政府保健保险系统成员资格——菲律宾健康保险公司；

（10）供电服务——由马尼拉供电公司提供辖区内供电服务，辖区以外地区向当地电力公司取得供电服务；

（11）供水服务——在大马尼拉地区的公司由马尼拉水公司提供供水服务；大马尼拉以外地区由当地水管理部门提供供水服务；

（12）电话连接服务——菲律宾长话公司。

2. 企业经营规定

企业在经营过程中需遵守以下规定：

（1）企业修改公司名称或合伙条例须向证券交易委员会提交报告（财务状况审计报告、总说明表等）；

（2）享受优惠企业注册或业务扩展须向投资署、菲律宾经济区署、大苏比克湾自由贸易区署、克拉克发展公司、卡加延经济区署、Phividec行业署和三宝颜经济区署提交报告（财务状况审计报告、ITR等）；

（3）企业应向国内税务局正常纳税；

（4）企业扩大和变更海关保税仓库，须向海关局港口征收处登记；

（5）企业在官方银行代理处开立信用证；

（6）企业应向海关局出口协调部提交出口申报单（官方装货及货物原产地证明书）；

（7）首次从事出口业务者须向官方银行代理处提交情况说明资料；

（8）企业应向菲律宾港口署支付码头费或申请免税。

3. 特定出口交易的批准和特许规定

出口产品须在装运前取得批准和许可：

（1）动物或动物源制品出口，须取得动物产业署的许可；应向动物产业署提供动物照片，对珍稀和濒临灭绝动物还须取得公园与野生动植物署的批准；

（2）植物出口，须取得植物产业署的许可；

（3）食品、药品和化学药品出口，须取得食品与药品署的许可；

（4）咖啡出口，须取得国际咖啡组织许可机构的配额许可；

（5）成衣和纺织品出口，须取得成衣与纺织品出口管理局的配额许可；

（6）渔业产品和其他水产品出口，须取得渔业和水产资源署的许可；

（7）手工艺品出口，须向贸工部申请优惠待遇特别证明；

（8）管制椰产品出口（包括成熟椰子和种苗），须取得菲律宾椰品管理局许可；

（9）日用品和光纤品出口，须取得光纤行业发展署许可。

4. 特许、许可与注册规定

以下项目或活动须取得相关管理部门的特许、许可和注册：

（1）投资者居留特别签证（SIRV）、退休者居留特别签证（SRRV）、经商签证、计划工作签证和外侨注册证（ACR）、定居移民证（ICR）、侨居许可证（ECC）和特别返回证（SRC）——移民局；

（2）外侨就业许可——劳工和就业部；

（3）成衣和纺织品出口——成衣和纺织品出口管理局；

（4）经营海关保税工厂的注册——海关局；

（5）环境许可证——环境和自然资源部，环境署；

（6）含土地使用和转让的项目——房屋和土地使用管理局、国家房屋署、土改部；

（7）建造和运营污染控制装置的许可——环境和自然资源部；

（8）商标和专利注册——知识产权办公室；

（9）电力项目注册——能源部、国家电力公司；

（10）菲律宾标准质量标志（保证本地制造消费品符合菲律宾国家标准）——产品标准局；

（11）进口日用品许可质量标志（保证进口消费品符合菲律宾国家标准）——产品标准局；

（12）含食品、化学药品和其他产品的项目经营许可——食品和药品署；

（13）旅游项目注册——旅游部；

（14）公共交通运营特许——陆路运输特许和管理局；

（15）电信项目——国家电信委员会；

（16）与国防有关项目的许可——国防部、菲律宾国家警察局；

（17）先进技术注册——科技部；

（18）与健康有关项目许可——卫生部；

（19）石油勘探活动许可——能源部；

（20）获得采矿权——矿业和地球科学局。

（二）申请注册商号

1. 商号的基本概念

商号是开展业务的名分。在业务开始运作前，商号注册是必要的，也是必需的。为新业务选择正确的商号是非常重要的，它可以区分不同经营者的产品和服务，可以帮助经营者定位市场。

在决定所提交的商号能否被接受时，申请人需考虑以下因素：

可接受的商号：选用意义最基本的词；能正确表示商业性质；由英语或菲语的字母、数字及符号组成。

不可接受的商号：商业性质是非法的；具有挑衅性、侮辱性或不恰当表示的；与已在贸工部、证券交易委、合作发展所、劳工就业部或其他依法注册的政府部门注册的商号相同或相近的；纯粹由一般性词汇组成的；不符合法律规定的；用来指定、辨别、暗示货物、物品、商品或服务等级质量的用语；只能政府部门使用的名称；国家、政府组织、国际组织的名称或简称（除非授权）；具有欺骗性、误导性、意思表达错误的商号。

为避免引起混乱，给已注册的同样商号的所有人造成利益损失，申请人应考虑以下因素：商业性质，所经营的产品或服务，业务地址，注册资金，所用词汇的外观、拼写、发音和意思表达，主要词汇、描述性词汇的使用。

2. 商号的申请程序

（1）选择商号

申请人应选择三个以上商号，以防第一选择不适用时可以考虑下一个选择。

（2）寻找商号

申请人可使用在线搜索引擎去检验预想的商号是否已被使用及能否注册。申请人有义务确保预想的商号不与现有的商标相冲突。贸工部商号审查人最终确定商号是否适用。

（3）注册商号

注册商号需要填写申请表。在线申请注册时，有些条款必须填写，否则，申请人会收到督促其填写完整的信息。必填条款包括：报税证号、电子邮箱、邮编。另外，如注册分店、分公司，申请人还须填写许可人的确切商号、注册号、注册日期。填表时，有一些特殊的条款须完成：经营活动、产品和/或服务、产业等级编码。

（4）提交有关文件

完成填写申请表后，交商号审查员审查其完整性，待将贸工部印制的由申请人签名的交易编码通知单送达贸工部时，注册申请才算完成。

（5）付费

付费地点：贸工部印制的交易编码通知单上指定的地点；付费时间：周一至周五，上午8点到下午5点，但下午4点45分前，必须将注册申请费交给收款人。

以上程序完成后，注册审查员将对申请书及商号的可适用性进行审查。如一切条件都符合，申请人会在15~20分钟内得到注册证。

3．注册商号所具备的条件

（1）个体经营者

年满18岁的菲籍公民；提交本人2寸免冠照；外国姓名的菲籍人须提交出生证、职业技能证、选举证及护照等；申请费

315元。

（2）社团企业、合伙合作企业

①申请表；

②经证券委员会和合作发展署注册的公司注册证复印件及公司章程；

③如签字人不是公司内部人员时，还需提交有授权签字的董事会决议；

④对注册分公司或子公司的董事会决议（如有地址，请注明）；

⑤注册费500元。

（3）外国投资者

①根据贸工部颁布的7042号共和国法案，允许在菲经营的授权书复印件；

②由菲当地政府部门签发的经营许可证复印件；

③外企注册证复印件及原件；

④完成贸工部根据7042号共和国法案制定的17号表格；

⑤菲律宾常设机构的书面委托书；

⑥其他有关机构的许可，如：科技部、警察署等；

⑦外国零售商需要1180号共和国法案允许经营零售业务的许可证；

⑧社团公司或合伙公司中外资占30%以上，需要取得证券委颁发的在菲从业许可证；

⑨其他要求。根据实际情况，不同的业务需要不同的条件，如有些业务需要提供职业经历、职业技能证、就业合同等。

4．特殊文件

（1）申请分公司的商号须提交主公司的商号证复印件、整批销售许可证（如主公司的商号是根据《整销法》的修改件

3952号法案注册的）及受让申请人的书面申请。

（2）申请维修行业的商号，申请进口、生产、销售、服务灭火器、灭火装置及灭火器材的商号须提交贸工部颁发的评定书。

（3）申请保税仓库业务的商号须提交贸工部颁发的保税仓库许可证。

（4）申请货物代理或船运中介的商号须提交贸工部颁发的授权证。

（5）申请受行业协会管理的行业或职业的商号须提交由行会出具的许可证。不受行会限制的职业除外。特许行业的须提交特许协议和特许人的商号证复印件。

（6）为扩展业务更改已故申请人注册的商号，须提交其合法继承人的授权书。

（7）出让商号时，必须提交先前使用此商号人的弃权公证书。

申请人必须做到：所提供的情况真实正确，任何错误的信息将受到法律制裁，如有类似的商号已被他人注册，立即更改或撤销自己已注册的商号。

5. 法人注册分公司所需文件

（1）在证券委等机构注册的注册证复印件；

（2）公司章程的复印件；

（3）发证机关出具的证明；

（4）由董事会授权申请商号的决议；

（5）由公司秘书处出具的确立签字人的证明文件；

（6）证券委授权在菲经营业务的证明书（如外资超过总资本的30%）。

6. 申请人所具备的条件

年满18岁的自然人；在菲做业务的或准备做业务的；没有

被非法律取消资格的法人。服刑人员、道德败坏人员没有资格提出申请。非总统特赦、刑满释放人员除外。

7. 注意事项

在线注册的商号可免费保留3个工作日，期间，申请人必须根据要求完成必要的注册手续。如预交的商号不适用或提交的文件被退回，申请人必须在接到通知后15个工作日内重新提交。否则，将按放弃处理。已交费用，概不退还。

（三）企业的延期注册

经注册的企业，经营期限为5年，有效期满后，如继续用原注册名称经营，需在6个月内办理延期注册手续。3个月后办理延期手续，需多交100比索的附加注册费。

1. 办理延期手续要求

（1）独营企业

①企业经营执照原件，如原件丢失，业主须出据丢失证明；

②两张2×2寸身份证近照，申请者需在照片后签名；

③付300比索；

④付15比索印花费。

（2）合营企业

①经营执照原件，如原件丢失，业主须出据丢失证明；

②合营公司管理部门颁发的经营证书及经其批准的合作章程复印件；

③公司董事会关于注册企业名称的决定；

④如注册签字人不是公司合伙人，公司董事会可重新委派签字人；

⑤交500比索；

⑥交15比索印花费。

（3）注册有商业性质的公司名称

①经营执照原件，如原件丢失，业主须出据丢失证明；

②合营公司管理部门颁发的经营执照及经其批准的公司章程复印件；

③公司董事会关于注册企业名称的决议；

④如注册签字人不是公司合伙人，公司董事会可重新委派签字人；

⑤付500比索；

⑥付15比索印花费。

2. 其他要求

（1）如业主/登记者为外籍人士，需提供以下证件的原件及复印件：

①出生证明；

②选举证；

③护照；

④由菲就业管理委员会签发的就业证。

（2）从事特殊职业者须提供相关部门证明：

①属就业管理委员会管理的职业——需提供该机构颁发的就业证、就业合同及专业水平证书的原件及复印件；

②保险代理行业——须出据由保险委员会颁发的许可证；

③房地产经济人/营销商——须出据由贸工部颁发的许可证。

（3）监管法规定下的维修和服务业，需提供技术鉴定证书。

（4）如婚姻状况有变化，需提供结婚证。

（5）贸工部还会要求申请者提供其他类似证件，以保护公众利益。

（四）企业的注销

1. 定期注销

注册企业，5年经营期满，3个月内未办理延期手续的，将被注销。按国家企业管理部门有关规定，贸工部通过贸易管理局和消费者保护局注销过期企业。根据企业法规定，企业经营期满后，应自觉办理延期手续，主管部门不另行通知。

2．审批注销

注册企业，如经营亏损，其业主想终止经营活动，经申请，可被批准在经营期满前注销，申请者须向有关部门提供亏损证明。

具独立法人资格的企业，还应出具公司董事会（或相应级别）的决议，声明公司自停业之日起无任何债务，否则须提供给其债权人的企业停业通知，或公司解体证明，并向有关部门提交注销申请。

如注册人死亡，应出具由其合法继承人或私人代表提供的附有死亡证明的书面说明材料。

3．企业有下列情况，将予以撤销

（1）按有关规定，该企业名称被认为是不可接受的；

（2）申请注册时提供假信息，或伪造证件；

（3）自注册之日起15日内未挂牌、不出示经营证书；

（4）自注册之日起30天未开始经营；

（5）经营属于政府特殊机构从事的业务；

（6）签订某项特许经营协议或合同，允许其他人或法律实体使用该公司名称；

（7）特许经营协议或合同到期，允许其他人或法律实体在经营有效期内使用该企业名称；

（8）公司地址改变；

（9）经营业务与批准的经营范围不相关；

（10）危害国家安全；

（11）以企业名义进行不道德或非法活动。

4．企业办理注销手续要求

只有注册过的企业才能注销。

（1）独营企业的自愿注销：

①填写申请表；

②申请函包括：

a．注销原因；

b．公司停业时无债务，否则须提供给其债权人的该企业停业通知复印件；

③经营执照复印件及注册申请，或企业亏损说明。

（2）合营公司的自愿注销：

①填申请表；

②申请函；

③合营公司管理部门出具的该公司解体证明；

④经营执照复印件及注册申请，或公司亏损说明。

（五）企业变更信息

只有在经营期限内且未注销过的企业能更改其信息。

1．企业可变更的信息有

（1）企业地址；

（2）资本；

（3）经营范围（企业扩大经营范围，必须与已批准的经营范围相关，否则需另注册新公司）；

（4）产品、服务；

（5）注册者的婚姻状况。

2．企业变更信息要求

（1）扩大经营范围：

①独营企业须提供：企业新增业务说明函、经营执照复印件；

②合营企业须提供：企业董事会关于扩大经营范围的决议、有效的公司章程修正条款复印件。

（2）更改地址：

①独营企业须提供：更改地址说明函、经营执照复印件；

②合营公司须提供：

a. 公司关于更改地址的董事会决议；

b. 公司章程的修正案；

c. 给合营公司管理部门的关于公司变更地址的通知函；

d. 经营执照复印件。

3. 企业办理变更信息时的注意事项

（1）更改企业名称必须告知该企业的所有合营者并经其签名；

（2）经营期内更改企业信息，要有更改信息证明，作为原始证书的补充证明；

（3）注册者按规定的表格要求，填写企业地址、经营范围、资本等，并向贸工部或贸工部地方机构汇报。对具有法人资格的企业，还应附有董事会决议；

（4）被批准有效的信息才能修改。

四、商标注册规定[①]

（一）概要

1. 菲律宾最早的166号商标法制定于1947年6月20日，至今经过4次修改。另外，其他与商标有关的商标法律还包括菲律宾专利、商标和技术转让局颁布的相关法令法规等。现行的商标法于1998年1月1日起生效。菲律宾的商标法律制度基本上是以美国的商标法律制度为蓝本制定及修改的。

2. 商标注册采用在先原则。

3. 可注册商标包括商品商标、服务商标及集体商标。

4. 商品分类采取国际分类原则，一个申请只能包括一个类别。

5. 菲律宾是《保护工业产权巴黎公约》、《里斯本及斯德哥尔摩文本第13–30条》和世界知识产权组织的成员国之一。

（二）申请人资格

外国的法人和自然人必须在菲律宾有固定的商业场所和住所，而且必须是原国的公民，并在菲律宾有真实的商业实体，如外国公司在菲律宾所开办的子公司或分公司，合伙制公司或股份制公司等。申请人在股份制公司中所占的股份必须占大部分。另外，该申请人必须在申请商标注册之日起至少两个月前在菲律宾商业中使用其商标，可向菲律宾专利商标局和技术转让局（BPTTT）提出商标注册申请。

巴黎公约成员国的公民可以基于原属国商标申请或注册向菲律宾专利商标局和技术转让局提出商标注册申请，而无须基

---

①《如何在菲律宾注册商标、申请资格及审查》http：//www.inttm.org/Article/yzzc/97.html，《菲律宾商标的使用、转让、许可等事宜》http：//www.inttm.org/Article/yzzc/767.html，查询日期：2011年1月24日。

于在菲律宾最早的商业使用。

（三）可注册商标的构成要素

菲律宾商标注册簿主要分为主簿和副簿。两者的区别在于商标的显著性及次显著性。

在主簿，可注册商标的构成要素包括：

（1）在工业、农业、商业和手工业的生产和销售中由法人或自然人使用并用来区别其商品服务的标志；

（2）自身不具备显著性的商标，通过在该商标申请注册日前的连续5年的商业使用，而具备显著性并使广大消费者认可的；

（3）从事制造、加工和销售瓶装饮料或气体的商标所有人，可在菲律宾申请商标的全瓶注册；

（4）具有显著性的文字、姓氏、符号、徽记、徽章、标志、图形或者组合；

（5）商号，包括个人的姓名、公司、企业或其他商业组织的名称；

（6）使用在服务项目上的用于区别他人的服务和文字、姓氏、符号、称谓、牌号或口号；

（7）由商业组织的成员在商品或服务上共同使用的集体商标。

在副簿，可注册商标的构成要素包括：

（1）在主簿被菲律宾商标审查员驳回的，具有一定的显著性，而且不违反商标法有关禁用条款规定的；

（2）不具备显著性的商标，通过该商标注册日前的连续3年的商业使用，而具备显著性并使广大消费者认可的。

（四）不可注册商标的构成要素

（1）带有不道德色彩并带有欺诈、侮辱和诽谤生者或者逝者、其他组织机构、民族、种族、宗教、信仰及国家的标志；

（2）与国家或国际间组织或其他政治实体的名称、旗帜、徽记、军旗和军服相同或近似的；

（3）与生者的姓氏、肖像和签字相同或近似的（该生者书面同意的情况除外）；

（4）尚活在世的与已故菲律宾前总统夫人的姓氏、肖像和签字相同或近似的（该夫人书面同意的情况除外）；

（5）在相同或近似的商品或服务中与已注册的商标或商号相同或近似的；

（6）在相同或近似的商品或服务中与他人提出商标注册的使用在先并未放弃使用的商标和商号相同或近似的；

（7）容易在消费者中引起混淆或欺骗消费者的；

（8）对商品或服务起描述作用的；

（9）地理名称。

（五）商标的申请和注册

1．申请所需文件

（1）委托书1份，须办理公证认证；

（2）申请书1份，须列明申请人的名称、地址、国籍、企业性质、商品或服务的具体名称及类别（采用一标一类原则），须办理公证认证；

（3）使用声明书两份，须办理公证认证手续；

（4）10张商标黑白图样（长不超过76cm，宽不超过38cm）；

（5）5张商标实用标签；

（6）巴黎公约成员国原属国的申请人，可根据巴黎公约有关规定，在原属国商标申请日或注册日起的6个月内在菲律宾申请优先权。要求优先权的申请人须提供由原属国商标主管机构出具的优先权证明书译文1份，该文件须办理公证认证手续；

（7）基于原属国申请或注册的巴黎公约成员国原属国的商标申请人，无须提供商标的实用标签。

2. 审查

在菲律宾，商标审查分为形式审查和实质审查两种。

商标审查员对商标注册申请先进性形式审查，如果商标申请文件齐备，审查官将向申请人颁发申请日和申请号。若商标申请文件不齐备，申请人必须在提交申请之日起的60日内补齐所缺文件。若申请人在该期限内未补齐所缺文件，在有充分理由的情况下，申请人可获30天的延期。缺文件的商标申请的申请日只能从该文件的齐备日起算。上述期限内，仍未补全文件的申请将被视为自动放弃。

如果通过形式审查的商标注册申请经官方实质审查后被驳回，官方将书面通知申请人或申请人在菲律宾的商标代理人，并阐明驳回理由。申请人在接到商标初审驳回通知之日起60天内可向菲律宾专利商标和技术转让局提交复审。若申请人在该期限内未按时提交复审，那么在有充分理由的情况下，可两次延期，第一次延期的时间为30天，可由主簿或副簿的商标审查员授权。第二次延期的时间亦为30天，必须由专利商标和技术转让局局长签字。

3. 公告

主簿通过实质审查的商标将被刊登在菲律宾专利商标和技术转让局的商标公告上。副簿通过实质审查的商标不刊登商标公告，也无异议程序。

审查官对基于原属国商标申请并通过实质审查的商标注册申请先不予公告，知道申请人完成原属国的商标注册并提供有关证明后方予以公告。

4．异议

任何利害关系人可在刊登商标公告之日起的30天内对被公告的商标、企业名称或商号提出异议。异议人在提出商标异议时须向官方缴纳有关费用，并提交1份经宣誓的商标异议书。在理由充分的情况下，可获得30天的延期，但异议人须缴纳有关延期费。

菲律宾的商标法律允许异议人的全权代理人在商标异议期内提交一份未经宣誓的商标异议书。但该异议书必须在提交之日起的60天内由异议人宣誓。在理由充分且缴纳有关延期费的情况下，经批准可获30天延期。

5．上诉

申请人如果对菲律宾专利商标和技术转让局商标复查官的复审驳回不服的，可在接到复审驳回通知书之日起的15天内向菲律宾上诉法院提出上诉，由上诉法院作出裁定。

申请人如果对上诉法院的裁定不服的，可在接到裁定书之日起的10天内向菲律宾最高法院提出上诉。最高法院将以事实为依据，以法律为准绳，作出终局裁定。

6．注册

菲律宾专利商标和技术转让局审查官对公告期内没有被异议的商标或异议不成功的申请颁发商标注册证。

（六）商标注册的有效期和续展

1．有效期

商标注册的有效期为20年，自商标注册之日起算。

2．续展

续展所需文件：

（1）商标续展申请书两份，须办理公证认证；

（2）5张商标实用标签；

（3）10张商标黑白图样；

（4）原商标注册证。

商标续展申请必须在商标注册有效期满前6个月内由商标注册人向菲律宾专利商标和技术转让局提出。

每一个商标续展的有效期为20年。

商标续展有3个月的宽限期，但注册人须按规定交纳罚金。

商标注册人在办理商标续展时，如需对已注册的商标稍做修改或需扩大注册商品或服务的范围，必须在商标续展申请书中逐一列明，由商标审查官审定并批准后方可生效。

（七）商标的使用

1. 注册前的使用

在菲律宾商业中连续3年实际使用的商标，可在副簿申请注册。

在菲律宾商业中连续5年实际使用的商标，可在主簿申请注册。

在副簿取得注册的商标，在菲律宾商业实际使用满5年或超过5年的，可申请由副簿转到主簿注册。

2. 注册后的使用

在菲律宾，商标在取得注册后的使用为强制性使用。

为了更好保护商标的专用权，注册人必须在商标取得注册后的第5年与第6年之间、第10年与第11年之间和第15年与第16年之间向菲律宾专利商标和技术转让局提交1份使用或不使用的声明书，并提交商标取得注册后在菲律宾商业中连续5年、10年和15年的使用证据。这些使用证据包括标有注册商标名称的发票、提单、合同、宣传小册子、产品目录、商业广告、贴在商品上的实用标签及突出商标部分的照片等。该使用或不使用声明书须办公证认证手续，而且必须以注册的名义提交。以注册人的代表或被许可人的名义提交的使用声明书将被官方视为无效。

注册如果是外国公司、企业或个人，那么可在法定的期限内向菲律宾专利商标和技术转让局提交1份只办公证的使用声明书，但上述注册必须在使用声明书提交公证之日起的60天内向菲律宾专利商标和技术转让局提交一份办理公证认证的使用声明书。

如果注册人提交的使用或不使用声明不齐备或缺乏说服力，那么商标审查官将书面通知注册人。注册人在接到该书面通知之日起的3个月内重新提交1份具有说服力并令审查员满意的使用或不使用声明书。否则，该注册商标将在注册后的第6年、第11年和第16年被官方撤销。

如果注册人在取得商标注册后未在菲律宾商业中实际使用或中断使用其注册商标，那么注册人必须在其所提交的不使用声明书中阐明不使用的理由并阐明恢复使用的具体时间及其他事实。若不使用的理由是由于不可抗力造成的（如官方明令禁止进口注册商品等）或是令人折服的，那么注册人不使用的行为可被官方谅解。

（八）商标的转让和使用许可

1. 转让

在菲律宾，已注册及申请中的商标均可以办理转让申请。转让人在转让商标时，必须连同公司、企业或个人的信誉一并转让。

转让所需文件：

（1）转让协议书及其英译文各两份，须列明被转让商标的注册号／申请号及注册日／申请日，转让协议书由转让方及受让方双方签署，并办理公证认证；

（2）若受让人是外国的企业、公司或个人，那么受让人须提交1份指定菲律宾商标代理人办理有关事宜的委托书。该文件须办理公证认证。

根据菲律宾商标法的规定，商标转让的官方登记备案是非强制性的，但事实上商标转让还是在官方登记备案为佳。这样做的好处在于有效地保护商标专用权以及防止其他与注册商标有关的法律纠纷。

受让人在办理商标转让官方登记备案时，须向官方交纳登记备案费及刊登商标转让公告费。

2. 使用许可

使用许可所需文件如下：

（1）使用许可协议及其英译文各两份，需列明许可人和被许可人的名称、地址、国籍、商标注册号及注册日、使用许可期限等，由许可人和被许可人共同签署，并办公证认证手续。

（2）若被许可人是外国的企业、公司或个人，那么被许可人须提交一份指定菲律宾商标代理人办理有关事宜的委托书，该文件须办理认证手续。

使用许可协议必须由被许可人向菲律宾专利商标和技术转让局登记备案。否则，被许可人将受到罚款。

在商标许可协议中，商标的使用费不得超过被许可使用的产品的净销售额的1%。

（九）商标的撤销

任何利害关系人可基于下列理由之一向菲律宾专利商标和技术转让局提出撤销商标注册的申请：

（1）注册商标或商号由于使用不当成为了商品或服务的通用名称的；

（2）自动放弃商标注册的专用权的；

（3）注册不当并违反商标法禁用条款的有关规定的；

（4）已转让的商标或商号由于使用不当造成消费者误认的。

（十）商标专用权

菲律宾商标法规定：任何侵犯他人商标或商号专用权的产品是不允许通过菲律宾海关进入菲律宾市场的。

为此，注册人应当在菲律宾海关办理登记备案手续，目的在于更好地保护商标专用权。

注册人在办理海关登记备案后，一旦发现侵权产品，可随时通知菲律宾海关予以扣押。菲律宾海关发现入关的产品有侵权迹象时，亦可随时通知注册人，在得到注册人书面确认后，菲律宾海关按注册人指示对入关的产品予以放行或扣留。

商标注册人有权在菲律宾境内提出商标的侵权诉讼，要求侵权人赔偿损失。

根据菲律宾1983年10月7日修改的商标法及贸易与工业法的有关规定，国际驰名商标在菲律宾受到特别保护。国际驰名商标的侵权案件由贸易部部长亲查，并根据调查结果作出是否予以行政处罚的决定。该行政处罚包括：停止侵权行为的命令，查封侵权工厂，缴获侵权产品及商标标志，罚款以致追究侵权人的刑事责任等。

菲律宾贸易部也有权撤销或终止商标的使用许可和注册。

五、菲律宾投资法①

菲律宾外国投资政策的主要依据是《1987年外国投资法》（E.O.226）和《1991年7042共和国法》（R.a.7042）。在此基础上，菲国家投资署（BOI, Board Of Investment）每年公布一个旨在鼓励国内外投资的“投资优先计划”（IPP, Investment Priority Plan），以特殊的优惠待遇，单独管理各类经济区、出口加工区和保税区的国内外投资。

---

①《菲律宾外国投资法》，http://www.fdi.gov.cn/pub/FDI/dwtz/ggtzzc/yz/flb/t20060423_27968.htm，查询日期：2011年1月24日。

此外，菲政府另有禁止外资进入或限定外资比例的行业清单（FINL，Foreign Investment Negative List）。

菲给予外资的优惠政策主要视外资投向的行业和地区而定，与独资或合资企业（公司）无关。因此外国企业在菲投资，原则上分为申请优惠待遇和不申请优惠待遇两大类，前者必须符合给予优惠待遇的条件，如IPP或菲律宾经济区属（PEZA，Philippine Economic Zone Authority），允许准入的领域十分广泛，几乎涵盖了菲所有行业；后者准入的领域则比较有限。

按菲外国投资法规定，外国企业投资为股权投资（Equity）。一个外国投资企业，属外资所有还是菲人所有，股权界限为40%。如外资股权低于或等于40%，为菲人所有；超过40%，为外资所有。另按菲宪法规定，外国人在菲不允许拥有土地所有权，如投资建厂所需，可向菲政府或私人业主租赁，租赁期限为25年，期满后可续租25年。因此最长租赁期限为50年。

（一）申请优惠待遇的外国投资

投资PEZA所辖的各类经济区、出口加工区和保税区的外国企业，外资可拥有100%股权，但产品必须100%出口。如获批准，可在菲国内销售30%的产品。

投资于BOI每年修改、增补的IPP领域①，主要包括以下几个方面：

（1）先锋领域（PIONEER AREAS）②：在IPP投资范围

---

①IPP领域几乎覆盖了除FINL之外菲所有的制造、加工、服务行业，包括农业领域。此项只能根据投资者的具体意向查询。

②“先锋领域”与“优先领域”在IPP中并不单列，一个行业，如不符合“先锋条件”，即属“优先”。（3）、（4）、（5）项下的投资同此定义。

内，任何行业均有可能视为先锋领域，只要符合下列条件之一：

①在菲尚未有过的、已获商业推广的（制成品或原料的）生产、制造和加工业。但不得是单纯组装或包装项目。

②使用某种设计、配方或组合、工艺、加工工序或系统生产菲尚未有的原料或制成品，或是（使用上述设计、配方等）将某种生产要素、物资或原料转化成菲尚未有的原料或制成品。

③从事菲农、林、矿产业的商业开发或经营，包括因地制宜的食品加工工业。有关项目要符合菲农业政策导向，可由BOI单独规划，或与有关部级单位协商立项。

④非常规燃料的生产，或使用非常规能源的工业设备的制造；或同类最终产品的生产、制造或加工过程中使用或转化使用了煤或其他非常规燃料，或在同一过程中使用或转化使用了相当比例的菲当地原料。

在先锋领域，外国投资企业可拥有100%股权。但BOI特别规定一条："外资先锋企业应在30年之内或由BOI决定之更长的期限内，使该企业过渡为菲人所有，即菲人持股达到60%。"但如该企业产品出口达100%，则不受此规定限制。

（2）优先领域（又称非先锋领域，Preferred Non-Pioneer Areas）：在IPP领域内，不满足上述先锋领域条件的所有行业均为优先领域。在优先领域，外国投资企业所持股权限于40%。但如出口达70%，外资持股比例可放宽。

（3）出口导向企业：外资可持多数股权（40%以上），但产品出口必须达70%以上；如为菲人所有，产品出口只需达50%。出口企业包括从事出口的生产、贸易和服务企业（公司）。

（4）地区差异投资：菲全国划分为13个行政区划，同一行业在不同的行政区划，或对外资开放，或禁止外资进入。

（5）扶贫投资导向：投资于菲经济不发达地区及偏远农业省份，给予外国企业的优惠幅度超过上述任何领域，且辅有额外的地方优惠政策。

（二）不申请优惠待遇的外国投资

投资于菲出口企业：系指产品或服务（包括旅游业）的出口达到60%的生产、贸易或服务企业（公司），或当地采购产品、60%出口的贸易公司。外国投资在该类企业可拥有100%股权，但不得与FINL发生冲突（详见后）。

该类企业与前述IPP范围内的出口导向企业的主要区别是不享有优惠待遇。但如出口达70%，即使不在IPP范围之内，也可转而申请优惠待遇。

投资于菲国内企业：系指产品或服务100%对菲国内市场销售的生产企业（公司），或原注册为出口企业，但其产品出口未达60%出口的企业（公司）。外国投资在该类企业可拥有100%的股权，但有限定条件：

（1）不在IPP范围内；

（2）不得与FINL冲突；

（3）销售仅限于批发，不得零售。

考虑到IPP覆盖范围的广泛，同时又有FINL的限制，实际上留给投资的所谓“国内企业”已十分有限。

投资于限制外资股权的行业（FINL）：

外资股权最高限于25%的行业：

（1）私营对外劳务输出公司；

（2）菲地方政府出资的公共设施和维修合同（外国贷款或

援助的招标项目除外）。

外资股权最高限于30%的行业：广告。

外资股权最高限于40%的行业：

（1）自然资源勘探、开发和利用（如与菲政府签有资金和技术援助协议，外资可拥有100%股权）；

（2）私人土地所有权（仅限以公司股权形式拥有）；

（3）公用事业（水、电）管理和运行；

（4）教育机构的所有、设立和管理；

（5）从事水稻、玉米的种植和加工；

（6）SEC管理的金融公司；

（7）为菲政府所有或控制的企业、公司、代理机构提供物资和商品的供货合同；

（8）深海商业捕捞；

（9）公寓所有权；

（10）各类资产、信誉及财产评估公司。

此外，经菲律宾国家特别部门批准，外资可在如下领域拥有40%的股权：

（1）经菲国家警察署批准，可从事火器、黑色火药、甘油炸药、爆破器材、望远镜及其他类似器材的生产、维修、仓储或生产过程中所需产品及配料的分销；

（2）经菲国防部门批准，外国投资可从事枪支弹药、军舰和军用船只以及类似设备和训练器材、配件的生产、维修、仓储或生产过程中所需产品及配料的分销；

（3）危险药品的生产；

（4）菲法律允许的桑拿、蒸汽浴、按摩诊所等类似行业；赛马等非赌博形式的博彩业。

表5–2 申请与不申请优惠外国投资

申请优惠外国投资			不申请优惠外国投资		
投资领域	股权上限	出口要求	投资领域	股权上限	出口要求
PEZA	100%	100%	国内企业	100%	无
IPP先锋	100%	无	出口企业	100%	60%
IPP优先		无	FINL		无
IPP出口					
导向企业	40%以上				
（菲人所有：50%）	70%				
偏远省份					
IPP优先	100%	无			

（三）禁止外资进入的行业（FINL）

（1）大众传媒（音像录制除外）；

（2）执照专业服务（法律特许的除外）；

（3）注册资本低于250万美元的商业零售；

（4）供电所；

（5）私人保安机构；

（6）小型矿业开采；

（7）菲内海、领海或专署经济区域的海洋资源开发与利用；

（8）斗鸡业的所有、经营和管理；

（9）核武器及生化、放射性武器的生产、维修、仓储及分销；

（10）烟花炮竹及烟火器材。

（四）外资企业享受的优惠待遇

在PEZA范围内投资的外国企业，享有以下优惠待遇：

（1）4年免缴企业所得税，最长可延至8年。

（2）所得税免缴期结束，可选择缴纳5%的“毛收入税”（Gross Income Tax），以代替国家（中央）和地方税。

（3）进口资本货物（设备）、散件、配件、原材料、种畜或繁殖用基因物质，免征进口关税及其他税费。同类物品如在菲国内采购，可享受税收信贷（Tax Credit），即先按规定缴纳各项税费，待产品出口后再返还（包括进口关税部分的折算征收、返还）。

（4）免缴码头税费和出口税费。

（5）给予外国投资者及其家属永久居留身份。

（6）简化进口程序。

（7）可聘用外籍雇员。

此外，是否给予E.O.226规定的其他优惠待遇，由PEZA自行决定。

在IPP范围内投资的外国企业，享有以下优惠待遇：

（1）免缴所得税：投资先锋领域，自注册之日起，6年免缴所得税；投资优先领域，自注册之日起，4年免缴所得税。具备以下条件之一者，上述两类投资的所得税免缴期分别可延长一年：

①按BOI规定的比例使用当地原料；

②符合BOI规定的资本设备与雇员比例；

③前3年每年外汇收入不低于50万美元。

无论何种情况，先锋企业免缴所得税不超过8年。经批准，企业扩展经营规模，从新的经营之日起，视其扩展规模，再延长3年。

（2）企业注册之日起5年内，如符合BOI规定的资本设备与年雇员比例，新增雇员（包括熟练工与非熟练工）工资所得税减免50%。若企业位于经济欠发达区，减免75%。

（3）免缴契约税。国家项目和地方项目一视同仁。该优惠同时给予外资出口导向企业。

（4）农业项目自注册或商业运行10年之内，繁殖用牲畜或遗传物品免征进口关税。使用菲本国繁殖用牲畜或遗传物品，享受税收信贷。

（5）简化海关手续，自由使用寄售设备/货物，出口型企业可使用保税仓库，非传统出口商品免征码头税和出口税。

（6）自注册之日起5年内，可聘用外籍监理、技术人员或顾问，期限可适当延长。外资所有的公司或相应机构的董事长、总经理和总会计师不受年限限制。

（7）生产出口产品及其配件所需的原材料、零配件和半成品可享受税收信贷。

（8）使用保税仓库、出口产品达70%以上的企业，进口零配件免缴各种税费。

（9）如外方拥有多数股权，自企业登记注册起5年之内，可雇用高级外籍管理人员，包括董事长和总经理。外籍雇员可携带配偶和21岁以下的未婚子女。

经BOI登记注册、在菲经济欠发达区投资的外国企业，无论是新建企业还是现有企业追加投资或扩大经营规模，除上述优惠待遇外，还可享有：

①自注册之日起，6年免缴所得税（同先锋企业）；

②企业批准运营后，其基础设备建设100%免缴所得；

③新增雇员（包括熟练工和非熟练工）100%免缴所得；

④投资优先领域可拥有100%股权。

（五）各类外资企业登记注册程序

外国投资企业在菲登记注册，按是否申请优惠分属或涉及不同职能部门，而公司性质不同，申办程序有别。

菲政府负责国内外投资登记注册的部门有：

（1）证券署（SEC）；

（2）投资署（BOI）；

（3）经济区署（PEZA）；

（4）贸工部（DTI）。

按公司性质区分，菲将公司分为两大类：一类是股份制公司（Corporation）和合伙人公司（Partnership），另一类是个人独资公司（Proprietorship）。

不申请优惠待遇的外国投资企业

（1）外国新建企业：如企业性质为股份制公司或合伙人公司，直接到SEC申请注册。所需提交文件如下：

①在SEC领取并填写申请表格，一式6份；

②经SEC确认，不与其他公司重复的注册企业名称；

③公司章程（英文）；

④菲移民局出具的外方股东常驻身份证明（ACR/ICR、SIRV及外方股权认购人签证）；

⑤菲银行出具的申办企业到位资金（总额）证明；

⑥菲银行出具的外方到位资金（汇入汇款）证明；

⑦如为合资企业，还须提交菲方董事会决议。

（如外国新建企业的性质为个人独资公司，直接到DTI办理登记注册手续。）

（2）外国企业在菲创办分公司：在马尼拉SEC总部申请注册。所需提交文件如下：

①在SEC总部领取并填写申请表格；

②经SEC确认，不与其他公司重复的注册公司名称；

③母公司董事会在菲创办分公司授权书副本，并指定一名

当地代理听候SEC传唤；

④由申办企业国内独立注册会计师出具的母公司最近一年财务报表；

⑤公司章程副本（英文）；

⑥菲银行出具的到位资金（汇入汇款）证明。

（凡属境外提供的文件，须经菲驻各国使领馆公证。）

（3）外国企业在菲开设代表处：在马尼拉SEC总部申请注册。所需提交文件同上。其中，最初一笔汇入汇款不得低于3万美元。

外国公司代表处不可在所在国从事营利性活动，但可直接对其母公司的客户或用户提供信息服务、产品促销和出口产品质量监控等业务。

上述各类情况，如符合要求，SEC自接受文件之日起15个工作日完成审批，逾期将视为自动生效。

申请优惠待遇的外国投资企业

（1）在PEZA范围内投资，首先对PEZA提交申请；

（2）在IPP范围内投资，首先对BOI提交申请。

PEZA主要审查申办企业是否符合出口要求，BOI主要审查申办企业是否在IPP范围之内，如符合规定，PEZA和BOI将核发给予优惠待遇的证明文件，申办企业凭此证明再到SEC办理登记注册手续。

但是，在实际操作中，往往可在PEZA/BOI与SEC同时进行。BOI强调，因新建企业的注册名称须经SEC认可并出证明，注册顺序最好是SEC在先，BOI在后。

在PEZA办理登记注册手续，分以下两步进行：

（1）按规定领取并填写一系列申请表格，并对PEZA下属的项目评估机构（PRED）提交立项可行性报告两份。PRED需两周时间对此做出评估。

（2）PRED评估合格，将评估意见及相关文件转呈PEZA董事会，后者在两周内完成审批。自批准之日起，申办企业有20天时间作出决定，是否在登记注册协议上签字。

另请须知：在非PEZA内投资建厂，一般是由申办企业自建厂房。自登记注册之日起，申办企业必须在45天之内提交有关厂房的设计和建筑要求，并自获批之日起一个月内开始施工。新建生产企业自登记注册之日起一年内投产。

在BOI办理登记注册手续，所需提交文件如下：

（1）在BOI领取并填写申请表格，一式4份；

（2）立项可行性报告4份；

（3）附属文件各4份：申请人国内公司（Corporation和Partnership）章程及细则；申请人国内公司过去3年财务审计报告及所得税返还证明（Income Tax Return）。企业运营不满3年，按实际经营时间提交相关证明；

（4）如申办程序是SEC在先，BOI在后，还须提交SEC登记注册证明。

BOI审批期间，由申办人在当地报纸公开其项目可行性报告，如无不良反映（如对公共秩序、环保有无损害，或是否存在侵权行为等），自动进入审核程序。

如符合要求，BOI自接受文件之日起20个工作日完成审批，逾期视为自动生效。

经PEZA或BOI确认给予优惠待遇，并核发相关证明文件后，申办企业到SEC办理登记注册时，所须提交的其他文件，与前述“不申请优惠待遇的外国新建企业”相同。

外国投资企业如需对其母国返回资本和汇出利润及收入（包括红利），并且是以银行系统走账所得的外汇返回或汇出，SEC还要求申办企业到菲央行（BAP）办理登记手续。如无需汇出，央行手续可免。

SEC和BOI在菲13个行政区划均设有地区办公室。外国新建企业可直接在投资所在地的SEC和BOI地区办公室办理相关手续。如在PEZA范围内投资，可直接到选定的经济区、出口加工区或保税区提出申请，然后再到就近的SEC地区办公室办理相关手续。

无论上述何种性质的企业——申请优惠还是不申请优惠待遇，新建企业或是外国企业分公司，在SEC登记注册完毕，还需到当地税务部门申办纳税编号，再到当地市政府（市长办公室）申办经营许可。如申办企业或公司的注册名称申请保护，还需到投资所在地的贸工部（DTI）地区办公室办理有关手续。上述程序完毕，即可正式开业。

为方便投资者登记注册，菲政府设有一快捷投资服务机构——OSAC（One Stop Action for Investment）。所有外国或本国企业，无论投资范围，也无论是否申请优惠待遇，均可在OSAC一次性完成登记注册手续，SEC、BOI、PEZA、移民局、海关、央行等部门均在此设有办公室。如所提交文件符合要求，OSAC自受理之日起，除涉及BOI之IPP范围投资仍需20个工作日外，其他类投资均可在1~3个工作日完成。

OSCA地址：Ground Floor/Industry – Investment Building/385 Gil Puyat Ave. /Makaticity, Manila, Phils. 电话：63-2-8958322/8967342 传真：63-2-8953521

（六）最低注册资本及股权认购比例

注册资本：按菲外国投资法规定，仅对以下几种情况有最低注册资本（Authorized Capital Stock）要求：

（1）在PEZA所属的各类经济区、出口加工区和保税区内从事专业仓储业务（Warehousing Activites），无论独资或合资，最低注册资本为200万美元。

（2）投资于IPP范围之先锋领域，无论独资或合资，最低注册资本为10亿比索，合2,500万美元。

（3）投资于菲“国内企业”，如为外资所有，最低注册资本为20万美元；如为菲人所有，无最低注册资本要求。

在菲“国内企业”领域，注册资本低于20万美元的企业，菲政府规定必须属菲人所有。例外情况是：如采用了新技术，并雇用有50名当地员工，则允许外资所有，但注册资本不得低于10万美元。

（4）菲政府最近批准对外资部分开放商业零售，但限定最低注册资本为250万美元。注册资本在250万~750万美元，自注册之日起两年之内，外方可拥有60%的股权，自第三年起，外方可拥有100%的股权。此外，在菲投资的外国商业零售企业，根据经营性质不同，其总公司资产不得低于5,000万美元。

其他类似外国投资均无最低注册资本要求。

股权认购比例：在菲创办企业，无论独资或合资，股权认购（subscription）比例不得低于注册资本的25%。在股权认购总额中，菲人所认购股权25%到位即可，外方所认购股权须100%到位，但也有个案例外的情况。

董事会成员身份限定：无论外国独资或合资企业，董事会多数成员必须是菲人或在菲常驻身份（resident）的外国人。如董事会成员5人，必须有3人为resident。董事会成员最低不少于5人，最高不超过15人。

（七）外国公司应缴税种及税率

不申请优惠待遇的外国投资企业，与菲国内企业有相同的纳税义务。

主要税种及税率如下：

（1）公司所得税（32%）：自2000年1月1日起，凡在菲登记注册的外国新建投资企业，无论其在菲国内还是国外经营所得，均按年度缴纳32%的所得税。同时亦可缴纳15%的年度毛收入税，以替代应缴所得税。

外国公司在菲创办的分公司，如在菲有经营活动，按其净收入缴纳32%的所得税。同时亦可选择缴纳15%的毛收入税，以替代应缴所得税。如在菲无经营活动，但有其他收入，则要缴纳15%的毛收入税。

（2）增值税（10%）：增值税属“国税”，凡从事货物进口及销售、易货、有形或无形商品与财产以及服务的交换或租赁，均缴纳10%的增值税。服务包括在菲的所有收费服务。

进口下列商品免交增值税：

书籍、化肥、牲畜与家禽饲料以及来自原产地的农渔食用产品。

（3）发票税（3%~30%）：人寿保险公司：5%；普通客运：3%；水、电、燃气：2%；其他：3%~30%。

（4）地方税：根据经营地点不同，生产/制造商、批发商、进口商和承包商按其销售量或毛收入缴纳不同幅度的累进税（Graduated Tax），如不属累进税征收范围，则缴纳百分比税（Percentage Tax），税率为0.375%~0.75%。

（5）利润、红利汇出税：外国公司利润汇出税为15%（PEZA企业免缴）；红利汇出税为32%。

第六章
中菲关系

本章导读

☆菲律宾自古与中国联系密切，贸易与友好往来不断。在菲律宾有大量的中国移民，他们在菲律宾的发展过程中作出了卓越的贡献，也增进了两国的友谊。近代以来，中菲两国经济与政治的联系越发密切，两国关系从整体来看是稳定发展的。虽然局部仍有冲突，但相信在中菲两国政府与人民的共同努力下，中菲关系必将获得更大的发展。

第一节 古代中菲交流史

一、语言与人种渊源

古代中国与东南亚地区的密切关系主要体现在地域上，然而语言学和体质人类学的种种证据表明二者的关系比我们所认为的要近得多。从语言学角度上说，古代中国台湾地区诸语言是南岛语系中最古老的语言，经过不断的分化发展形成了南岛语系中许多国家最初的语言。从体质人类学的角度上说，古代中国南部地区广泛分布的南方蒙古人种是蒙古人种与东南亚的黑色人种混血形成的，而这部分人则在后来南迁的过程中到达了东南亚，所以现在的东南亚的绝大部分居民是南方蒙古人种。在中国台湾地区少数民族的史诗之中还有关于东南亚的兄弟来此定居的内容，也可作为两国早期交流的旁证。

关于东南亚地区的黑色人种，从中国史籍中似乎也可以发现一些线索，例如，中国史书中曾提到有一种“僬侥人”，《国语》卷十记载：“僬侥不可使举，侏儒不可使援……僬侥，官师所不材也，以实裔土。”同书卷六鲁语：“仲尼曰：‘僬侥氏三尺，短之至也。’”《山海经·海外南经》第六记载：“周饶国在其东，其为人短小冠带（注：其人长三尺，穴居，能为机巧，有五谷也）。一曰僬侥国在三首东（注：《外传》云：僬侥民长三尺，短之至也。《诗含神雾》曰：从中州以东西四十万里，得僬侥国，人长一尺五寸也）。”[①]根据这些古籍中的描述，僬侥人似乎就是古代东南亚岛国广泛分布

---

①何平：《东南亚的黑色人种及其与中国南方民族的历史关系》，载《中央民族大学学报》（哲学社会科学版），2003年第一期，第30卷，第79页。

的小黑人。除此之外，中国古籍中还记载了“侏儒国”、“裸国”、“黑齿国”，根据描述应该指的就是东南亚的岛国，进一步考虑到古代东南亚岛民的身材、服饰习惯以及服食槟榔等风俗，其可信度甚高。

由此可见，古代中国与东南亚地区就有了较深的渊源，随着时代的发展二者之间的交流得到了进一步的加深。

二、古代中菲交流

中国与菲律宾隔海相望、一衣带水，菲律宾最北部的雅米岛（Yami）距离中国台湾省最南端的小岛仅140公里。[①]考古学家在菲律宾全国各地挖掘出了许多中国古代的钱币和瓷器，以此可以证明：早在唐朝，中菲之间就有了商贸往来。唐时，中国与南亚西亚诸国之间交流的重要交通路线是南海航线，也就是所谓的“广州通海夷道”，想要前往菲律宾要沿中南半岛南下绕行婆罗洲。如果想由中国出发直接前往菲律宾则要逆着海流行驶，如果遇到台风则更加危险，所以中菲之间的交流受到了很大的阻碍。到了宋代，由于手工业、农业得到了发展，造船的技术得到了进一步的提高，同时也提供了大量用于出口的商品。北宋中后期，指南针在航海中逐渐被普遍应用，使得中国商人敢于冒着逆流和台风的危险去开辟新的航线。新开辟的这条航线为中菲之间的交流带来了极大的便利，大大地缩短了航程。走这条航路的商人往往在冬、春之间趁东北季风出海，这样可以避过海上的台风，在5月、6月或者10月台风较少的月份趁西南季风返回。新开辟的航路虽有许多危险，但一年之内便可往返，远远快于之前的南海航线。因此在12世纪初，这条

①马燕冰、黄莺：《菲律宾》，北京：社会科学文献出版社，2007年，第373页。

航路上的贸易就已经相当频繁了。[①]

关于中菲之间交流早期的文字记录见诸宋代的古籍中，其中《宋史》中提到麻逸（今菲律宾民都洛岛）的商人“载宝货至广州海岸”是关于中菲交流最早的描述。此外《诸藩志》和《岛夷志略》上也提到了中国船只开到麻逸进行贸易的情况。宋、元、明、清期间，中菲之间的贸易进一步扩大发展，商品种类也逐渐增多，从最早的瓷器、丝绸、农具、珠宝、土特产发展到日用百货。其中从中国运往菲律宾的商品主要是瓷器，因为在当时的菲律宾社会中瓷器在日常生活、礼仪巫术等方面有非常重要的作用。而从菲律宾运往中国的货物则以珠宝、土特产为主，据《诸蕃志》中记载，中国商船曾到三屿、蒲里鲁等地进行贸易，从菲律宾运回了珍珠、玳瑁、香料、槟榔等商品，受到中国人的喜爱。明代初年，中菲贸易达到高峰，双方的友好交往也进一步发展。

中国与菲律宾之间交流虽然频繁，但大多都是民间贸易形式的交流，中国与菲律宾当地政权之间的官方交流则屈指可数。这在一定程度上是由于菲律宾在西班牙人到来之前并不是一个统一的国家，而是由分布在各个岛上的巴朗盖部落组成的。同时菲律宾作为连接西亚商人与中国商人的贸易中心更多地给它带来的是贸易上的繁荣而并非政权上的统一。许多中国商人于元、明时期开始移居菲律宾，并在本地进行生产经营，随后便有更多的商人效仿。大量中国移民的迁入对菲律宾的社会发展产生了巨大的影响，许多生产和手工艺技术传到了菲律宾，促进了菲律宾社会的发展；中国的一些语言、文化、生活习惯也在中菲人民相互交流的过程中为菲律宾人所吸收利用；但大量的中国移民也为日后菲律宾的移民问题埋下了伏笔。

①金应熙主编：《菲律宾史》，郑州：河南大学出版社，1990年，第16页。

第二节　殖民时期的中菲关系

一、西班牙殖民时期的中菲关系

西班牙殖民菲律宾的首要目的是寻找香料和黄金，然而菲律宾并不能满足西班牙殖民者的需求。因此西班牙转而借菲律宾为跳板与周边国家开展贸易，同时借机传教，其主要的目的地便是中国。因此，西班牙殖民时期的中菲关系可以看作是中国与西班牙殖民政府之间的关系，在这一时期二者之间的关系主要还是集中体现在贸易活动上。

西班牙殖民菲律宾以后开始发展大帆船贸易，最初商品主要是菲律宾本国的土特产，如肉桂、黄蜡等。然而这些商品并不能满足墨西哥以及欧洲市场的要求，而周边国家的商品特别是中国丝绸和瓷器在墨西哥以及欧洲市场却极受欢迎。因此，在西班牙殖民菲律宾早期，西班牙人对外国人来菲贸易的政策十分宽松，目的在于吸引各国的商旅带来奇珍异货。菲律宾则变成了连接西亚、中国、北美、欧洲市场的中转站。然而这种完全开放的贸易政策却导致了西属拉美殖民地的白银外流，并且由于来自亚洲的商品量大、价优，严重冲击了西班牙本国的商品，另外一方面西班牙殖民者在贸易的过程中获利太少，难以维持殖民统治的需要。种种原因使得西班牙殖民者逐渐开始施行各种贸易限制措施，以期从中获利。

西班牙殖民菲律宾时中国正值明朝，明成祖以后政府为了防范来自海上的侵犯一直奉行海禁政策，然而在巨大的贸易利润的刺激下，海外贸易难以禁绝。就以对日本贸易来说，尽管明朝政府一再严禁，但自嘉靖二十三年（1544年）十二月至嘉靖二十六年（1547年）三月的两年多里，到日本从事走私贸易而被风漂到朝鲜，并被解送回国的福建人就达千人以上。[①]因此明朝政府于1567年决定开放福建漳州的月港作为对外贸易的港口，此举大大刺激了中国商人对外贸易的积极性。从月港出发的商船驶向中国周边各国，但主要的目的地还是菲律宾。一方面，通往菲律宾的航线在经过多年的探索后已经为福建商旅所熟知，从漳州驶往菲律宾仅需要10~20天；另外一方面，墨西哥银元是中国商旅贸易的动机。每年由中国驶往菲律宾的商船络绎不绝，而且中国商人非常善于把握市场，当菲律宾市场需求量大并且银元充足的时候，每年大概有30~50艘船载满货物驶往菲律宾；反之则全年只有不到十艘货船。由于商人大多都来自漳州地区，因此人们往往成群结队地前往菲律宾，这样一来还可以降低独自出航的风险。月港贸易繁荣了近70年，终由于明末的战乱而终结。清朝以后，厦门港的兴起使得月港的地位完全被取代，然而中菲贸易却一刻也未曾停止。短短的半个多世纪，月港见证了中菲贸易的繁荣，它也成了世界闻名的古代港口。

整体来看，西班牙殖民时期菲律宾虽然形成了统一的国家，但是中菲交流主要还是集中在民间，形式则以商品贸易为主。这不仅是中菲交流的特点，也是古代中国与大多数周边国家的主要交流形式。广泛的物物交流使中国与周边国家之间互通有无，丰富了彼此的物质生活，同时物质上的交流必然间接地带来了语言和文化上的交流，移民作为语言和文化的载体迁

①《明世宗实录》卷321，嘉靖二十六年三月乙卯，上海古籍书店，1983年。转引自《闽南文化与漳州月港的兴衰》，载《南洋问题研究》2004年第3期，总119期，第75页。

居海外使得中国文化在周边地区产生了深远的影响。

二、林凤攻打菲律宾

明代海上贸易繁盛，与此共生的是海盗的猖獗。海盗通常在商船的必经之路上进行劫掠，其中林凤是明代东南沿海著名的海盗，他不仅活动在中国的东南沿海，还曾向菲律宾发起过进攻。

林凤，明代人，又名林阿凤，生于广东饶平县。19岁参加海上绿林泰老翁队伍，后继其业，以澎湖为基地，开拓海上贸易，最盛时辖舰300余艘，人员4万以上。由于势力巨大，林凤多次遭到明朝围剿，为了回避官兵，林凤得到消息决定前往菲律宾。林凤于万历二年（1574年）十一月率领战船62艘向菲律宾进发，不到一月便抵达马尼拉的港口马雷维里斯（Mariveles）。林凤率领部下围攻马尼拉城但由于行军途中延误了战机并未成功，等到大军到达马尼拉王城时，西班牙人早已有防备，因此林凤并没有成功占领马尼拉。攻打失败后林凤率领军队退往班嘉诗兰，在那里建立自己的城池和炮台，并与当地的菲律宾人共同生活。西班牙人得知这一消息后马上派兵前往班嘉诗兰，两方军队混战4个多月，林凤因补给缺乏最终不敌，只得遣散部队各自撤走。

林凤占领班嘉诗兰期间要求当地的菲律宾人向他进贡，并且囚禁了当地的酋长，菲律宾人非常害怕他，因此奉他为首领。同时林凤还与当地的伊戈洛特人杂居通婚，向他们传授中国的耕作技术和手工艺技巧，时至今日一些班嘉诗兰人以及附

①黄滋生、何思兵：《菲律宾华侨史》，广州：广东高等教育出版社，1987年，第30–37页。

近林凤曾经征服的地区的人还拥有华人血统。[①]

三、菲律宾的中国移民

早在西班牙人到达菲律宾之前就已经有中国人移居菲律宾，随着明清时代贸易的进一步发展，菲律宾的中国移民不断增加。

西班牙人占领菲律宾之初，马尼拉大概有150名中国商人在此定居，西班牙人称这些来菲律宾贸易的中国移民为Sangley（商旅或生意的音译）。由于殖民初期政策非常宽松，中菲贸易发展很快，来菲律宾定居的中国商人越来越多。除了商人之外，手工艺者、商铺的店员数量也在逐渐增加。至16世纪末已经超过1万人，而当时在马尼拉的西班牙官员和士兵加起来只有区区数百。至17世纪初，中国移民数量已增至25,000人，与此同时中国移民掌握了菲律宾的经济和贸易的主动权，而西班牙殖民者却无法从中获利。这给西班牙的殖民统治带来了很大的威胁，西班牙殖民者不能再放任这种情况的发生，“隔离、西化、屠杀、驱逐”逐渐成为了西班牙人对待中国移民的主要政策。

为了隔离中国移民，西班牙人在自身居住地西班牙王城[①]的大炮射程内开辟了一个集中安置中国移民的地方——“八联（Parian）”，并实行严格的监控和管制。同时，西班牙人积极的西化中国移民，鼓励他们改宗天主教，并且对改宗的中国移民提供经济活动上更大的自由。但早期的中国移民很快适应了这些政策，他们积极地“加入”天主教以获得更大的经济自由，这是西班牙人始料不及的。当菲律宾的中国移民数量不断增加，西班牙人便开始寻找各种理由对中国移民展开屠杀和

---

①Intramuros，直译为城内城，是马尼拉西班牙人的聚居地。

驱逐。每次屠杀后西班牙人还颁布法令限制在菲中国移民的数量。然而每次屠杀过后中国移民数量暴减带来的是菲律宾社会的经济不景气，在随后的几十年中随着政策的慢慢放宽和西班牙人经济上的需求，中国移民数量又开始不断地增长，直到下一次这个数量超出西班牙人的心理底线则会再次爆发屠杀和驱逐。

那么，中国官方对这些移民是怎样的态度呢？当时明清政府的一些文件中指出，这些远赴菲律宾的中国移民是"不孝子民"，是"为了追求金钱而背弃了自己的祖先"的人。[①]当大屠杀爆发的时候，明清政府不仅没有谴责西班牙殖民者，反而略有赞同，认为西班牙人替朝廷打击了这些天朝弃民。[②]

由于定居菲律宾的中国移民越来越多，大量的中菲通婚使得菲律宾社会中诞生了一个新的阶层——中菲混血儿（Mestiso Chino）[③]。混血儿在菲律宾社会中地位要高于普通的中国移民，因为混血儿由母方也即菲律宾人负责抚养，从小便信仰天主教，生活方式上也比传统的中国移民西化，因此这个阶层在身份认同上更接近于菲律宾人而并非中国人。

由菲律宾一国之情况可以看出，当时旅居海外的中国移民的生活并非一帆风顺的，身边总是潜伏着各种危险并且得不到相应的保护。在18、19世纪的菲律宾，许多富有的中国移民开始着手建立宗亲会、商会，目的就是将中国人团结在一起，并且可以保护那些生活状况不太好的中国移民。这种抱团的生活方式在当代菲律宾社会还可以看到，毕农多地区仍旧是华人的

---

①Edgar Wickberg, *The Chinese in Philippine Life*: *1850–1898*, Ateneo de Manila University Press, 2002, p211.

②黄滋生、何思兵著：《菲律宾华侨史》，广州：广东高等教育出版社，1987年，第98页。

③Mestiso即西班牙语Mestizo的转写。

聚居区，而且华人通常也选择华人作为姻亲对象。

四、潘和五的反抗活动

西班牙殖民者除了对中国移民实行各种限制之外，还强迫中国移民从事各种劳动。1593年，西班牙殖民当局要远征摩鹿加群岛，因此强征了250名中国移民作为桨手，其中潘和五也被征为桨手。潘和五原籍福建晋江，生于明隆庆年间，自幼渡菲谋生，居留马尼拉。在远征途中西班牙人对待桨手非常苛刻，种种暴行引起众多中国移民的不满，因此才引发了潘和五反抗西班牙人的活动。在航程中的一个夜晚，潘和五秘密地和同伴趁全船人酣睡之时，杀死身边的西班牙人并割下他们的头颅。当时船上的总督达斯马里纳斯（Dasmariñas）也在乱中被人砍下头颅。西班牙士兵或反抗被杀，或跳海而亡。战斗结束后，潘和五等驾驶战舰，直驶至交趾（今越南），遂留居其地。

五、中国领事馆的设立

19世纪中后期，大量的中国人散居海外，他们的身份既不受当地承认也不受本国官方保护。在这段时期，中国与西方国家已经有多次正面的碰撞，让中国官方意识到保护海外子民是非常重要也是势在必行的。因此，清政府开始尝试在世界上有中国人居住的各国设立领事馆以保护当地的中国移民。而在菲律宾设立领事馆的过程则一波三折，过程近20年之久。

清政府设领护民之活动始于19世纪70年代，当时古巴、秘鲁对中国移民的迫害耸人听闻，因此亟待设领保护。清政府在与西班牙、秘鲁交涉后成功在此二地设领，同时在新加坡也设立了领事馆。菲律宾的中国移民闻此，积极主动地向清政府请求在菲律宾设领，并于1880年正式递交了请求。当时掌管外交事务的负责人李鸿章命令总理衙门派人先行去菲律宾调查，然后与当地政府交涉设立领事馆，然而西班牙方面却多番推诿，不予答复，致使调查一事直到1886年才得以成行。当时的外交大臣张荫桓积极与西班牙当局交涉设领事宜，然而西班牙当局故伎重施一再拖延，直至次年西班牙殖民部与外交部才开始着手探讨是否允许中国在菲律宾设领的问题。由于两部意见相左，设领一事一拖又是两年，直至1889年再次交涉时，西班牙政府竟宣布反对中国在菲律宾设立领事馆，并拒绝谈判。殖民当局一方面拒绝设领，一方面在行将崩溃的帝国内部加剧对中国移民的限制与盘剥，这段时期中国移民凡满14岁者都需缴纳人头税，然而实际情况却是年仅12岁的儿童也成为征税对象；19世纪90年代中期中国移民的入境税由原来的2比索一下猛增至20比索。

直到1898年6月，处于崩溃边缘的西班牙殖民者终于同意了清政府设领的要求，临时领事馆成立不到两个月，西班牙殖民者便被美国殖民者所取代。随着菲律宾发生的这一历史性变化，临时领事馆也变成了永久领事馆，第一任领事陈纲于1899年1月上任。随着清政府在菲律宾设领的成功，华侨们实现了长久以来的愿望，然而他们的命运却并未因此获得很大的改变。①

六、华人对菲律宾社会的贡献

菲律宾作为西班牙的殖民地长达333年，在此期间菲律宾各地的起义不断，试图从西班牙的统治下获得独立，在每次起义中都有中国移民的参与和支持。然而，由于缺乏统一的领导而最终未能成功。

①黄滋生、何思兵：《菲律宾华侨史》，广州：广东高等教育出版社，1987年，第279-293页。

王彬是援助菲律宾反殖民的著名人物。罗曼·王彬，原籍福建，1847年2月出生于马尼拉市。罗曼·王彬为人忠厚，乐善好施，经商有道，颇得各界信任，1883年7月菲律宾当局委任他为马尼拉市岷仑洛区长官。

当时，菲律宾是西班牙的殖民地，西班牙殖民者实行残酷的统治，激起了菲律宾人民的民族解放运动。王彬积极参加菲律宾的革命斗争，其店铺成为革命知识分子和爱国学生的聚集场所，同时以大量的金钱和物品资助革命党人。从一开始抗击西班牙到后来反对美国的统治，他始终与菲律宾人民一起进行反抗斗争。他曾被殖民当局逮捕入狱，但出狱后，他更加坚定地支持菲律宾人民的独立战争。王彬热爱公益事业，积极为社会服务。他曾任菲国军人及战争难民救济协会会长，大力赞助保护幼童协会，协助建立菲律宾商会，并当选为首届司库。菲律宾著名作家卫惹慕称赞道：“他热爱祖国（指菲律宾），贡献大量金钱，支持两次革命（指反西班牙和反美国的殖民统治）。”王彬于1913年12月10日逝世。①

为表彰罗曼·王彬对菲律宾的贡献，1915年马尼拉市议会将沙克里蒂亚街改名为王彬街。1973年，菲律宾政府观光部、马尼拉市政府及华商联总会协议共同建设华人区，并铸造罗曼·王彬铜像。1974年罗曼·王彬铜像和纪念碑破土动工，历时4个月建成，供后人景仰。

另外一位著名人物，是被人誉为“铜身铁骨”的刘亨赙（Jose Ignacis Paua）。刘亨赙（1872~1926年），又名侯夏饱，字图琼，号纯青，是菲律宾独立战争中的一位华侨将军。1890年刘亨赙18岁，随伯父刘元系往马尼拉谋生，在伯父的铁铺学

---

①《王彬街》，http：//www.hudong.com/wiki/%E7%8E%8B%E5%BD%AC%E8%A1%97，查询日期：2010年12月20日。

艺。后自己经营铁铺，能精制铁类器物和多种火药和火炮。工余勤奋学习，精通西班牙文和菲律宾语。1896年，参加菲律宾反抗西班牙侵略的独立战争，奉命建兵工厂，供应部队军火。后率领部队作战，身先士卒，1897年3月，参加伊穆斯保卫战。因功升为少校。同年下半年，革命军处境恶劣，刘亨赙率部退守山区进行游击战争，不久，升为中校。1898年6月向华侨募捐60.6万比索，全部交给菲律宾共和国财政局，解决共和国的经济危机。菲律宾总统阿奎那多提升他为准将，成为菲律宾共和国的“华侨将军”。1898年4月，美国入侵菲律宾，爆发了美菲战争，刘亨赙率部在马尼拉以北地区抗击侵略者。1899年，奉命调到内湖省战线，并被任命为革命军南线司令官。1900年，在美军进攻马尼拉的黎牙实比的战斗中，刘亨赙指挥革命军顽强抵抗，使美军遭到重大伤亡。1902年美菲战争结束，刘亨赙回马尼拉经营布庄，又经营农场。不久他被选为马尼拉镇镇长，后被任命为菲律宾议会议员和退伍军人协会负责人。

刘亨赙为菲律宾独立运动作出积极的贡献，受到菲律宾人民的尊敬和高度的评价。菲律宾共和国首任总统阿奎那多说：“阿宝（刘亨赙）将军的公正无私和英雄风度，获得了全菲人民的感佩——他是为他们的自由和幸福而献身的。他热爱菲律宾——如其祖国，菲律宾自当视他为英勇的子孙。”菲律宾历史学家赛义德称他是“菲律宾争取自由斗争的真正英雄”。克里梭罗戈·维拉卡洛斯在《何塞·伊格纳西奥·宝华将军》中称他是：“菲律宾为自由而斗争事业中著名人士。他虽然是中国人，我国人民理应纪念他，因为在反抗西班牙和美国的战斗中，他把他的命运同菲律宾起义者结合在一起了。”

1926年5月24日，刘亨赙病逝于马尼拉，出殡时棺上覆盖菲律宾国旗，全国下半旗志哀，仪式非常隆重。[①]

孙中山先生也曾经支持过菲律宾反抗美国殖民的斗争。1898年6月，菲律宾从西班牙的殖民统治下宣布独立，孙中山先生在日本会晤了菲律宾的政府代表，孙中山先生认为可以先协助菲律宾取得反抗美国殖民的胜利，等菲律宾彻底解放之后菲律宾可以再来协助中国反帝反封建的革命斗争。因此孙中山先生积极地帮助菲律宾购买军火。1899年7月，孙中山先生将第一次购买到的军火送往菲律宾，但轮船中途沉没。翌年7月，孙中山先生第二次帮助菲律宾购置军火，但由于日本的阻挠未能运出。之后不久菲律宾就沦为了美国的殖民地，购置军火的事情就不了了之了。期间菲律宾也曾出资10万日元来支援中国同盟会，体现了中菲两国友好互助的革命情谊。

在第二次世界大战当中，面对日本的侵略中菲两国人民相互支持，共同反抗日本的侵略。1937年，日本大举侵华，在菲律宾的华人华侨以及普通民众纷纷举行游行集会，抗议日本的侵华暴行，一方面在全国范围内展开抵制日货的行为，一方面募集资金和药品来援助中国人民抗战。然而日本为了进一步扩展其在太平洋的势力，建立所谓的“大东亚共荣圈”，于1941年12月8日偷袭了珍珠港，正式向美国宣战，作为美国殖民地的菲律宾也陷入了战争状态中。12月8日当天，日本还偷袭了菲律宾，美国的飞机还来不及升空反击便有1/3在机场被炸毁。次年1月2日，日本便占领了首都马尼拉，菲律宾沦为了日本的殖民地，成为了日本以战养战的补给来源。面对日本对菲律宾的烧杀抢掠，不甘受奴役的菲律宾华侨青年积极响应菲律宾华侨劳工团体联合会的号召，采取当时中国的战略方针，转战农村，

① 《华侨将军刘亨赙》，http://www.qzwb.com/mnwhw/content/2004-02/24/content_3262119.htm，查询日期：2010年12月20日。

开始了游击抗日活动。为了行军和作战的方便，华侨们组成了自己的抗日小队——菲律宾华侨抗日支队，简称“华支”，番号是四十八支队，意思是学习新四军和八路军的革命经验和革命精神。“华支”转战吕宋岛10多个省，参加了大小260多次战役，其中著名战役12次，歼敌2,000多人，缴获了武器900多支。1944年夏秋之际成立的“华支马尼拉大队”，在敌人的心脏里展开了斗争，他们发传单、杀敌寇、组织群众游行、抢夺敌人的枪支、编印进步报纸。[①]1945年初，美军反攻菲律宾，在“华支”的配合下消灭了5,000敌人，一举拿下了马尼拉。事后，美军城防部长亲自来到“华支”总部致谢。美军的随军记者也不断去“华支”总部采访、拍照，并将“华支”的事迹写成文章刊登在报刊上。之后，“华支”配合美军向南进发直到解放菲律宾全境。在三年多的抗日战斗中，“华支”牺牲了110余人，但菲律宾人民并没有忘记他们，在菲律宾的华侨义山以及毕农多华人聚居区都有“菲律宾华侨抗日纪念碑”，以此来缅怀他们为菲律宾解放作出的伟大贡献。

菲律宾华侨抗日游击支队的光辉数字

战斗时间：3年6个月，从1942年2月至1945年8月。

队员人数：最初成立时52人，最多曾达700余人。

队伍编制：中吕宋两个大队（第二（广东）大队，第三大队），南吕宋三个大队（第一、第四、第五大队），马尼拉大队（短枪武装工作队）。

战斗次数：大小战斗260余次，其中著名战斗12次。

作战地区：吕宋岛14个省和马尼拉市。

歼敌人数：2,020余人（包括敌军、伪军、伪警、菲奸、侨

①马燕冰、黄莺著：《菲律宾》，北京：社会科学文献出版社，2007年5月，第378页。

奸等）。

缴获武器：轻重机枪、步枪、短枪共940余支。

华支死伤人数：110余人，其中阵亡者77人（参谋长1人，副队长1人，大队副指导员1人，排长1人，班长5人，副班长5人）。

第三节　现当代中菲关系

一、战后中菲关系

中华人民共和国成立后，菲律宾与中国的关系大体分为三个阶段：1949年至1975年，两国关系处于紧张状态。20世纪70年代初期，两国关系开始解冻，合作发展不断增多。2000年以后，两国关系得到进一步发展，进入全新的时代。

1946年，刚刚获得独立的菲律宾就与当时的南京国民政府建立了外交关系，1947年在上海和厦门设立了总领事馆，1948年向南京国民政府派驻了公使。新中国成立后，菲律宾领事馆及公使随国民党到了台湾。新中国成立之初，菲律宾领导人采取了静观其变的态度，表明中国大陆的政治及社会制度将不会成为两国今后关系的障碍，所有问题都将取决于这一新政权如何对待菲律宾。[①]也就是说菲律宾还没有正式承认新中国政府。抗美援朝战争结束后，菲律宾加入了以美国为首的反共联盟——东南亚条约组织，这样一来菲律宾对待中国的态度就采取了向美国一边倒，与社会主义国家互不来往。然而菲律宾却一直承认台湾的中华民国政府，并且与其保持了相对密切的外

---

①Rodlfoc Severino：《菲中关系之我见》（罗军、蒋振钦编译），载于《东南亚研究》2001年第1期，第46页。

交关系。同时，由于菲律宾的共产党运动受到了社会主义阵营的支持，就更加使得菲律宾对新中国产生了敌意和猜疑。菲律宾制定了一项政策，公开放弃与新中国的政治和经济接触，禁止菲律宾人前往大陆旅游，并继续承认在台湾的“中华民国”。[①]

20世纪60年代末期，马科斯领导下的菲律宾开始反思其对华政策。与其孤立社会主义国家阵营，不如与这些国家维持好关系，这样反而对平定自己国内的动乱更有效。1971年中国恢复了联合国常任理事国的席位，次年尼克松访华标志着中美关系日趋友好。1973年爆发石油危机，菲律宾视中国为良好的原油来源地。菲律宾认识到中国国际地位的改变，并且有发展为世界大国的潜力，因此做出政策上的调整。

二、解冻后的中菲关系

20世纪60年代中期，世界格局开始由两极化向多极化发展。美国深陷战争之中，国力大大削弱，西欧、日本经过20年的战后恢复，经济迅速发展，中国也在不断展开经济建设，国力日益强大，成为了不可忽视的国际力量。在这种新的国际形势驱使下，菲律宾开始重新考虑其国际关系。1968年11月，菲律宾总统马科斯在一次外交政策演讲中提到：“美国外交政策开始远离亚洲，我预测本地区的人民为了生存将被迫与中国建立外交关系。”[②]1970年1月，马科斯在其国情咨文中明确阐释了菲政府的新外交政策是在加强与东盟各国的合作，与亚洲各国共同讨论缓和紧张局势的同时，致力于缓和与社会主义国家的关系，尤其是经贸和文化关系。[③]然而，菲律宾国内对于与中

---

①Rodlfoc Severino：《菲中关系之我见》（罗军、蒋振钦编译），载于《东南亚研究》2001年第1期，第46页。

②转引自方拥华：《中菲关系的回顾与展望》，载《东南亚》2005年第4期，第17页。

③转引自方拥华：《中菲关系的回顾与展望》，载《东南亚》2005年第4期，第17页。

国建交还存在不同的意见。首先，教会势力认为不可以与无神论国家建交以避免意识形态的入侵；其次，菲律宾国内还存在菲律宾共产党的游击活动以及其他左派势力，菲律宾担心中国会因此干涉菲律宾的内政。为了消除这种障碍，中国政府在与菲律宾交涉的过程中做出了各种积极的努力。中国政府一直强调会坚持奉行五项基本原则，无意干涉菲律宾内政。毛泽东主席在接见马科斯总统时也向其保证不会干涉菲律宾的内政，也不会将自己的信仰和制度强加于人。这样一来大大加快了中菲建交的步伐。1975年6月9日菲律宾紧随美国的步伐与中国建立外交关系，承认中华人民共和国为唯一合法政府，断绝与台湾的外交关系。

两国建立外交关系以后，中国政府积极履行自己的承诺，从未干涉菲律宾的内政，菲律宾也积极奉行一个中国政策，双方积极发展贸易和文化交流，促进了两国关系的进一步发展。例如，菲律宾航空公司是第一家获准既可飞往中国大陆又可飞往中国台湾的航空公司。在石油危机过程中，中国一直以低价向菲律宾出口石油，在一定程度上缓和了菲律宾的经济困境。双边贸易保持了33%的年增长率。在科技文化方面两国交往也非常密切，比如中国选择菲律宾作为商朝到元朝3,000多年精湛考古藏品的第一个海外展出地。这一切的官方与非官方的行动都为日后中菲关系的进一步发展打下了良好的基础。

1986—2010年菲律宾共经历了5届政府4任总统，在此期间中菲之间的贸易合作进一步发展，两国互访不断，积极寻求新领域的合作。尤其是中国与东盟的关系日益密切促进了中国与整个东南亚地区合作的进一步发展。因此这段时间的中菲关系整体稳定，但在具体的一些问题上却时有摩擦。

首先是南沙问题，中国与东南亚临海诸国之间都存在南沙群岛的主权争端，而且这个问题会长期存在。菲律宾声称自己对其占有的8个岛屿拥有主权，并反对中国维护南沙主权的行动。1999年菲律宾海军两次撞沉我国的渔船。2009年菲律宾更将南沙的几个岛屿划入自己的版图中。这一系列事件使得两国关系骤然紧张。尽管经过领导不断互访试图搁置争议、共同开发，但领土主权争端却给两国友好的关系蒙上了一层阴影。

其次是台湾问题，菲律宾虽承认中华人民共和国为唯一合法政府，却仍绕过中国政府与台湾保持着往来。

三、中菲关系现状

20世纪末至今，中国与菲律宾的高层领导保持了频繁的接触和互访，加深了两国之间的相互了解与交往。1996年，江泽民主席对菲律宾进行了国事访问；2000年，菲律宾总统埃斯特拉达访华，两国签署了《关于21世纪双边合作框架的联合声明》；2001年，菲律宾总统阿罗约总统对中国进行了国事访问；2002年，阿罗约总统将中菲建交日（6月9日）定为“菲华友谊日”；同年，两国签署了《中国人大常委会与菲律宾众议院合作谅解备忘录》等合作文件；2004年，阿罗约总统再次对中国进行国事访问；2005年，两国建交30周年纪念，双方举办了一系列主题庆祝活动；同年，胡锦涛主席对菲律宾进行了国事访问；2007年，温家宝总理对菲律宾进行了正式访问；2008年、2010年，阿罗约总统在奥运会和世博会期间又对中国进行了两次访问。由此可见两国交往之密切。

两国的经贸关系一直以来保持了良好的状态。双边贸易的规模在逐渐扩大，经济方面的合作也在不断地发展。1992年两国正式签署了《相互鼓励和保护投资的协定》，1993年又签署了《经济技术合作协定》。1999年两国财长签署了《避免双重征税的协定》。同年两国农业部长签署了两国政府间《关于加强农业及有关领域合作协定》。2004年，两国签署《渔业合作谅解备忘录》。2005年，中菲两国政府在马尼拉签署《关于促进贸易和投资合作的谅解备忘录》。2006年，中菲签署《关于建立中菲经济合作伙伴关系的谅解备忘录》。2007年，中菲签署《关于扩大和深化双边经济贸易合作的框架协定》。据中国海关统计，2002—2007年，中菲贸易连续6年增幅超过30%（分别为48%、79%、42%、32%、33%、31%）。2007年，中菲贸易额创历史最高纪录，达到306亿美元。2008年10月以来，受全球经济危机影响，中菲贸易额有较大下滑。2008年中菲贸易额285.8亿美元，2009年双边贸易额降至205.3亿美元，其中中方出口85.8亿美元，进口119.5亿美元。目前，中国为菲律宾第三大贸易伙伴，菲律宾为中国在东盟的第六大贸易伙伴。截至2009年底，中国在菲律宾累计签订劳务承包合同62.48亿美元，对菲直接投资约1.3亿美元。菲累计在华投资项目2,696个，实际投资26.4亿美元。菲律宾是中国提供优惠出口买方信贷最多的国家，至今已累计承诺提供18亿美元优买信贷。2001年5月中方援建的“中菲农业技术中心”在菲动工，2003年3月竣工，中菲农业技术合作项目取得良好效果。①

21世纪以来，中菲文化交流成果显著。中国文化部每年都举办国际性或地区性的文化活动，邀请菲方参加。2006年以来菲方应邀参加的活动主要有研讨会、培训班、国际艺术节、亚洲艺术节、东盟文化产业论坛等。菲律宾是一个多元文化的社会，东西方文化在这里相互交融，共生共存。21世纪以来，驻菲律宾使馆文化处利用我国传统节日、国庆日、中菲建交日、

①《中菲经贸概况》，http://ph.china-embassy.org/chn/zfgx/jmgx/t539282.htm，查询日期：2011年1月5日。

香港回归十周年和北京奥运会等契机，面向主流社会，举办了一系列对外文化宣传活动。如利用春节，连续7年举办“中菲传统文化节”、连续4年在菲主流学校举办“中国走进课堂”知识竞赛、举办“汉语桥”中文知识竞赛活动、奥运图片展、香港图片展、中国青年画家作品展、故宫文物精品展、中国传统工艺品展等。此外，充分利用包括志愿者教师、国家公派教师和孔子学院在内的人才资源和文化处外宣品，积极参与多边和双边文化活动。如组织志愿者教师参与在菲外交部举办的“世界语言日”活动和菲律宾亚洲第一学院“中国文化日”活动等等。①

从目前来看，中菲关系正处在稳定的发展阶段，友好合作已成为两国关系发展的主流。但中菲关系仍存在一些隐患，首先，前文一直提到的南沙主权问题将长期存在并影响两国的关系。其次，国外主流媒体一直渲染的“中国威胁论”将影响两国的友好交往。第三，美国近年来不断在西太平洋一带扩张自己的势力，作为政策上一向亲美的菲律宾其外交政策的制定不能不受到美国的影响，从而可能会影响到中菲交往的正常化。

四、中菲关系展望

目前，中菲合作的前景光明。第一，中菲两国作为发展中国家，面对着经济全球化的大环境，面对着和平发展的大趋势，迫切需要两国共同协作共同进步，这不仅是两国发展的利益要求，也是两国人民的根本愿望。第二，虽然两国都是发展中国家，但在经济发展上的互补性存在很大空间。比如，菲律宾的基础设施建设有待完善，而中国在该领域有丰富的经验；

---

①《中菲文化交流概况》，http://ph.china-embassy.org/chn/zfgx/whjy/t537705.htm，查询日期：2011年1月5日。

菲律宾的旅游业在中国还有非常大的市场潜力。第三，中国与东盟合作的日益加深将影响中国与东南亚诸国的关系，其中也包括菲律宾。第四，南沙问题争端虽然没有消除，但是中国一直提出“搁置争议，共同开发”就目前来看是非常可行的，只要两国共同努力消除障碍，是可以充分利用南海的自然资源的。

中菲建交35年以来，两国一直保持着相对稳定的外交关系，合作明显增多，互信明显增强。可以预见，在中菲两国政府与人民的共同努力下，中菲关系必将获得更大的发展。

参考文献

一、专著文章

[1] 金应熙．菲律宾史[M]．郑州：河南大学出版社，1990.

[2] 格雷戈里奥·赛义德．菲律宾共和国：历史、政府与文明[M]．北京：商务印书馆，1979.

[3] 季羡林．季羡林文集[M]．南昌：江西教育出版社，1998.

[4] 梁慧星．迎接WTO——梁慧星先生主编之域外法律制度研究集[M]．北京：国家行政学院出版社，2000.

[5] 陈云东，米良．东盟国家金融法律制度研究[M]．北京：中国社会科学出版社，2008.

[6] 古小松．东南亚民族：马来西亚、新加坡、印度尼西亚、文莱、菲律宾卷[M]．南宁：广西民族出版社，2006.

[7] 黄滋生，何思兵．菲律宾华侨史[M]．广州：广东高等教育出版社，1987.

[8] 施雪琴．菲律宾天主教研究：天主教在菲律宾的殖民扩张与文化调适[M]．厦门：厦门大学出版社，2007.

[9] 陈云东．菲律宾共和国经济贸易法律指南[M]．北京：中国法制出版社，2006.

[10] 米良．东盟国家宪政制度研究[M]．昆明：云南大学出版社，2006.

[11] 杨家庆．菲律宾刑法[M]．北京：北京大学出版社，2006.

[12] 杨睿，[菲]梅迪纳．菲律宾的公益法实践[M]．北京：法律出版社，2010.

[13] 黄建国．菲律宾在东南亚地区安全中的地位与作用[J]．东南亚纵横，1996（3）．

[14] 卫和世．菲律宾的外交政策及其与中国和东盟的关系[J]．当代亚太，2002（5）．

[15] 英奇．菲律宾文学概貌[J]．南洋问题，1986（3）．

[16] 张玉安．东南亚神话的分类及其特点[J]．东南亚纵横，1994（2）．

[17] 蒋军洲．《菲律宾民法典》的保守与创新[J]．河北法学，2007（9）．

[18] 王红晓．新加坡、马来西亚及菲律宾三国税收征管的特色与借鉴[J]．特区经济，2010.

[19] 罗刚，赵元松．菲律宾外国投资法律制度研究及启示[J]．贵州大学学报，2005（5）．

[20] 陈宗波．菲律宾生物多样性及其相关知识的立法及对中国的启示[J]．河北法学，2008（11）．

[21] 何平．东南亚的黑色人种及其与中国南方民族的历史关系[J]．中央民族大学学报（哲学社会科学版），2003（1）．

[22] 释传妙．菲律宾佛教传入与发展之略探[C]．玄奘大学宗研所.

[23] 黄轶．菲律宾的中国风[J]．东方研究2007-东南亚研究专辑，2008（6）．

[24] 史阳．呼德呼德——菲律宾伊富高人的口头非物质文化遗产[J]．东南亚研究，2007（5）．

[25] Edgar Wickberg. *The Chinese in Philippine Life: 1850—1898*[M]. Ateneo de Manila University Press, 2002.

[26] Liang Shang Wan, Cai Jian Hua, translated by Joaquin Sy. *Wha-Chi Memoirs: Philippine-Chinese Anti-Japanese Guerilla Force*[M]. Kaisa Para Sa Kaunlaran, Inc, 1998.

二、相关网站

[1] 东盟商务网：http://www.asean35.com

[2] 南博网：http://www.caexpo.com

[3] 中华人民共和国驻菲律宾共和国大使馆网站：http://ph.china-embassy.org

[4] 菲律宾在线：http://www.feilvbin.com

[5] 中华人民共和国外交部网站：http://www.fmprc.gov.cn

[6] 中国投资指南网：http://www.fdi.gov.cn

[7] 中国国际商标在线：http://www.inttm.org

附录一　菲律宾行政区划[①]

根据菲律宾国家统计协调委员会（NSCB）公布的资料，菲律宾全国划分为吕宋、比萨扬和棉兰老三大岛组，设有17个大区（包括国家首都区、科迪勒拉行政区和棉兰老穆斯林自治区），下设80个省级单位。

截至2006年9月30日，各级地方政府的详细数目请看下表：

岛组	大区 Region	省 Province	市 City	镇 Municipality	巴朗盖 Barangay
吕宋 Luzon	8	37	57	690	20,057
比萨扬 Visayas	3	17	33	399	11,875
棉兰老 Mindanao	6	25	27	417	10,061
合计	17	79	117	1,506	41,993

吕宋岛组包括吕宋本岛和西南的民都洛岛、巴拉望岛等岛屿。

大区和省名	编号	人口	面积（km^2）	首府和“市”	人口
I－伊罗戈 Ilocos	12	4,200,478	12,840	圣费尔南多 San Fernando	—
北伊罗戈 Ilocos Norte	121	514,241	3,399	拉瓦格市 Laoag 巴塔克市 Batac	94,466 47,682

①资料引自：http://www.xzqh.org/old/waiguo/asia/1004.htm。

续表

大区和省名	编号	人口	面积（km^2）	首府和“市”	人口
南伊罗戈 Ilocos Sur	122	594,206	2,580	美岸（维甘）市 Vigan 坎东市 Candon	45,143 50,564
拉乌尼翁 La Union	123	657,945	1,493	圣费尔南多市 San Fernando	115,650
邦阿西楠（班诗兰）Pangasinan	124	2,434,086	5,368	林加延 Lingayen 圣卡洛斯市 San Carlos 达古潘市 Dagupan 乌尔达内塔市 Urdaneta 阿拉美诺斯市 Alaminos	88,891 154,264 130,328 111,582 73,448
Ⅱ－卡加延河谷 Cagayan	13	2,813,159	26,838	土格加劳 Tuguegarao	—
巴坦群岛 Batanes	131	16,467	209	八示戈 Basco	6,717
卡加延 Cagayan	132	993,580	9,003	土格加劳市 Tuguegarao 加拉鄢 Calayan（不含富加岛，它属阿帕里镇）	120,645 14,309
伊莎贝拉 Isabela	133	1,287,575	10,665	伊拉甘市 Ilagan 卡瓦延市 Cauayan 圣地亚哥市 Santiago	119,990 103,952 110,531
新比斯开 Nueva Vizcaya	134	366,962	3,904	巴云邦 Bayombong	50,563
季里诺 Quirino	135	148,575	3,057	卡巴罗吉斯 Cabarroguis	25,832
Ⅲ－中央吕宋 Central Luzon	14	8,204,742	21,471	圣费尔南多市 San Fernando	—
奥罗拉 Aurora	141	173,797	3,240	巴莱尔 Baler	29,923
巴丹 Bataan	142	557,659	1,373	巴朗牙市 Balanga	71,088
布拉干 Bulacan	143	2,234,088	2,625	马洛洛斯市 Malolos 圣何塞德芒特市 San Jose del Monte 梅卡瓦延市 Meycauayan 巴利瓦格 Baliuag	175,291 315,807 163,037 119,675

续表

大区和省名	编号	人口	面积（km^2）	首府和"市"	人口
新怡诗夏 Nueva Ecija	144	1,659,883	5,284	帕拉延市 Palayan 甲万那端市 Cabanatuan（高都市化） 圣何塞市 San Jose 加潘市 Gapan 穆尼奥斯市 Muñoz（科学市）	31,253 222,859 108,254 89,199 65,586
邦板牙 Pampanga	145	1,882,730	2,181	圣费尔南多市 San Fernando 安赫莱斯市 Angeles（高都市化） 马巴拉卡特 Mabalacat 卢保 Lubao 墨西哥 Mexico 阿拉亚特 Arayat 瓜瓜 Guagua	221,857 263,971 171,045 125,699 109,481 101,792 96,858
打拉 Tarlac	146	1,068,783	3,053	打拉市 Tarlac	262,481
三描礼士 Zambales	147	627,802	3,714	伊巴 Iba 奥隆阿波市 Olongapo（高都市化）	34,678 194,260
Ⅳ-A 甲拉巴松 Calabarzon	15	9,320,629	16,230	卡兰巴 Calamba	—
八打雁 Batangas	151	1,905,348	3,166	八打雁市 Batangas 利巴市 Lipa 塔纳万市 Tanauan	247,588 218,447 117,539
甲米地 Cavite	152	2,063,161	1,288	特雷塞马蒂雷斯市 Trece Martires 达斯马里尼亚斯 Dasmariñas 巴科奥尔 Bacoor 伊姆斯 Imus 西朗 Silang 马里亚诺阿尔瓦雷兹将军 Gen. Mariano Alvarez 坦扎 Tanza 特里亚斯将军 Gen. Trias 甲米地市 Cavite 塔加伊泰市 Tagaytay	41,653 379,520 305,699 195,482 156,137 112,446 110,517 107,691 99,367 45,287

续表

大区和省名	编号	人口	面积（km²）	首府和"市"	人口
内湖 Laguna	153	1,965,872	1,760	圣克鲁斯 Santa Cruz 卡兰巴市 Calamba 圣佩德罗 San Pedro 圣巴勃罗市 San Pablo 比南 Biñan 圣罗莎市 Santa Rosa 卡布尧 Cabuyao 洛斯巴尼奥斯 Los Baños（特别科学与自然城）	92,694 281,146 231,403 207,927 201,186 185,633 106,630 82,027
奎松 Quezon	154	1,679,030	8,707	卢塞纳市 Lucena（高都市化） 萨里阿亚 Sariaya 塔亚巴斯市 Tayabas 波利略群岛 Polillo Islands（5镇，755.4km²）	196,075 114,368 70,985 71,902
黎刹 Rizal	155	1,707,218	1,309	安蒂波罗市 Antipolo 卡因塔 Cainta 塔伊泰 Taytay 比南格南 Binangonan 圣马特奥 San Mateo 芒特尔班 Montalban（Rodriguez）	470,866 242,511 198,183 187,691 135,603 115,167
Ⅳ-B 民马罗巴 Mimaropa	16	2,299,229	27,456	卡拉潘 Calapan	—
东民都洛 Oriental Mindoro	162	681,818	4,365	卡拉潘市 Calapan	105,910
西民都洛 Occidental Mindoro	161	380,250	5,880	曼布劳 Mamburao 卢邦岛（2镇） Lubang	30,378 32,028
马林杜克 Marinduque	163	217,392	959	波克 Boac	48,504

续表

大区和省名	编号	人口	面积（km²）	首府和“市”	人口
朗布隆 Romblon	164	264,357	1,356	朗布隆 Romblon（同名岛） 锡布延岛（3镇）Sibuyan 塔布拉斯岛（9镇）Tablas 卡拉包岛（1镇）Carabao 锡马拉岛（1镇）Simara 班顿岛（镇）Banton 康塞普西翁岛（镇）Concepcion	36,612 52,615 144,480 8,226 10,972 6,769 4,683
巴拉望 Palawan	165	755,412	14,896	公主港市 Puerto Princesa 布桑加岛–科伦岛（2镇）Busuanga – Coron 库利昂岛（镇）Culion 利纳帕坎岛（镇）Linapacan 阿古塔亚岛（镇）Agutaya 库约岛（镇）Cuyo 杜马兰岛（1镇半）Dumaran 巴拉巴克岛（镇）Balabac（含南部各岛）	161,912 48,530 14,302 9,198 10,422 18,257 约2万 25,257
V – 比科尔 Bicol	17	4,674,855	14,544	黎牙实比 Legaspi	—
北甘马辚 Camarines Norte	172	458,840	2,113	达特 Daet	80,632
南甘马辚 Camarines Sur	173	1,551,549	5,267	皮利 Pili 那牙市 Naga（B类独立市） 伊里加市 Iriga	67,393 137,810 88,893
阿尔拜（亚眉）Albay	171	1,090,907	2,553	黎牙实比市 Legaspi 里高市 Ligao 塔瓦科市 Tabaco	157,010 90,603 107,166
索索贡 Sorsogon	176	650,535	2,141	索索贡市 Sorsogon	134,678
卡坦端内斯 Catanduanes	174	215,356	1,512	比拉克 Virac	57,067

续表

大区和省名	编号	人口	面积（km^2）	首府和"市"	人口
马斯巴特 Masbate	175	707,668	4,048	马斯巴特市 Masbate 布里亚斯岛（2镇）Burias 蒂考岛（4镇）Ticao 马斯巴特岛（1市14镇）	71,441 76,266 75,829 555,573
CAR-科迪勒拉行政区 Cordillera Administrative Region	18	1,365,220	18,294	碧瑶 Baguio	—
阿布拉 Abra	181	209,491	3,976	邦贵 Bangued	38,965
阿巴尧 Apayao	182	97,129	3,928	卡布高 Kabugao	13,985
本格特 Benguet	183	582,515	2,655	拉特立尼达 La Trinidad 碧瑶市 Baguio（高都市化，独立市）	67,963 252,386
伊富高 Ifugao	184	161,623	2,518	拉加韦 Lagawe	15,269
卡林阿 Kalinga	185	174,023	3,120	塔布克市 Tabuk（2007年升格）	78,633
高山 Mountain	186	140,439	2,097	邦都 Bontoc	22,308
NCR-国家首都区 National Capital Region	10	9,932,560	636	马尼拉 Manila 奎松城市 Quezon City 卡洛奥坎市 Caloocan 巴石市 Pasig 瓦伦苏拉市 Valenzuela 拉斯皮尼亚斯市 Las Piñas 塔吉格 Tagig 帕拉尼亚克市 Parañaque 马卡迪市 Makati 马里基纳市 Marikina 蒙廷卢帕市 Muntinglupa 帕赛市 Pasay 马拉翁市 Malabon 曼达卢永市 Mandaluyong 纳沃塔斯市 Navotas 圣胡安德尔蒙特市 San Juan del Monte	1,581,082 2,173,831 1,177,604 505,058 485,433 472,780 467,375 449,811 444,867 391,170 379,310 354,908 338,855 278,474 230,403 117,680

续表

大区和 省名	编号	人口	面积 （km^2）	首府和 “市”	人口
菲律宾 Philippines		76,498,735	300,077	马尼拉 Manila	

比萨扬包括中部比萨扬群岛中班乃、内格罗斯、宿务、保和、莱特、萨马等岛。

大区和省名	编号	人口	面积 （km^2）	首府和“市”	人口
Ⅵ–西比萨扬 Western Visayas	31	6,208,733	20,223	伊洛伊洛 Legaspi	—
阿克兰 Aklan	311	451,314	1,818	卡利博 Kalibo	62,438
安蒂克 Antique	312	471,088	2,522	圣何塞–德布埃纳维斯塔 San Jose de Buenavista	48,261
卡皮斯 Capiz	313	654,156	2,633	罗哈斯市 Roxas	126,352
伊洛伊洛（怡朗）Iloilo	314	1,925,002	4,720	伊洛伊洛市 Iloilo（独立市） 帕希市 Passi	365,820 69,601
吉马拉斯 Guimaras	315	141,450	604	霍尔丹 Jordan	28,745
西内格罗斯 Negros Occidental	316	2,565,723	7,926	巴科洛德市 Bacolod（独立市） 卡班卡兰市 Kabankalan 加的斯市 Cadiz 巴戈市 Bago（Pulupandan） 萨加伊市 Sagay 圣卡洛斯市 San Carlos 锡莱市 Silay 希马麦兰市 Himamaylan 维多利亚市 Victorias 塔里萨伊市 Talisay 埃斯卡兰特市 Escalante 锡帕莱市 Sipalay 拉卡洛塔市 La Carlota	429,076 149,769 141,954 141,721 129,765 118,259 107,722 88,684 81,743 79,146 79,098 62,063 56,408

续表

大区和省名	编号	人口	面积(km²)	首府和“市”	人口
Ⅶ－中比萨扬 Central Visayas	32	5,701,064	14,951	宿务 Cebu	—
东内格罗斯 Negros Oriental 宿务 Cebu	321 322	1,126,061 3,356,137	5,402 5,088	杜马格特市 Dumaguete 巴亚万市 Bayawan（Tulong） 吉胡尔岸市 Guihulngan 坦哈伊市 Tanjay 拜斯市 Bais 坎拉翁市 Canlaon 宿务市 Cebu（独立市） 曼达韦市 Mandaue（独立市） 拉普拉普市 Lapu-Lapu（独立市） 塔里萨伊市 Talisay 托勒多市 Toledo 达瑙市 Danao 卡尔卡尔市 Carcar 那加市 Naga（将升格） 博戈市 Bogo	102,265 101,391 83,448 70,169 68,115 46,548 718,821 259,728 217,019 148,110 141,174 98,781 89,199 80,189 63,869
保和 Bohol	323	1,137,268	4,117	塔比拉兰市 Tagbilaran	77,700
锡基霍尔 Siquijor	324	81,598	344	锡基霍尔 Siquijor	—
Ⅷ－东比萨扬 Eastern Visayas	33	3,610,355	21,433	塔克洛班 Tacloban	—
比利兰 Biliran	331	140,274	555	纳瓦尔 Naval 比利兰岛（7镇）Biliran 马里皮皮岛（1镇）Maripipi	37,974 131,955 8,319
莱特 Leyte	332	1,592,336	5,713	塔克洛班市 Tacloban 奥尔莫克市 Ormoc 拜拜市 Baybay	200,219 154,297 95,630

续表

大区和省名	编号	人口	面积（km^2）	首府和“市”	人口
南莱特 Southern Leyte	333	360,160	1,735	马阿辛市 Maasin 帕拉翁岛（3镇半） Panaon（人口含莱特岛上半镇） 利马萨瓦岛（镇） Limasawa	71,163 80,238 5,157
东萨马 Eastern Samar	334	375,822	4,340	博龙岸市 Borongan	55,141
北萨马 Northern Samar	335	500,639	3,499	卡塔曼 Catarman 巴利岛（镇） 卡普尔岛（镇） Capul 圣安东尼奥岛（镇） San Antonio	67,671 8,700 10,619 7,915
西萨马 Western Samar	336	641,124	5,591	卡巴洛甘市 Catbalogan 甲描育市 Calbayog 塔加普尔安岛（镇） Tagapul-an 阿尔马格罗岛（镇） Almagro 圣尼尼奥岛（镇） Santo Niño 达兰岛（镇） Daram 祖马拉加岛（镇） Zumarraga	84,180 147,187 8,370 10,619 12,545 35,532 15,423
菲律宾 Philippines		76,498,735	300,077	马尼拉 Manila	—

棉兰老岛组包括棉兰老岛和苏禄群岛等地。含6大区25省27市。

大区名	编号	人口	面积（km^2）	首府和“市”	人口
Ⅸ-三宝颜半岛 Zamboanga Peninsula	51	2,831,412	14,811	帕加迪安 Pagadian	—

续表

大区名	编号	人口	面积（km²）	首府和“市”	人口
三宝颜市 Zamboanga（独立市）		601,794	1,483	三宝颜市 Zamboanga	601,794
北三宝颜 Zamboanga del Norte	511	823,130	6,618	第波罗市 Dipolog 达皮丹市 Dapitan	99,862 68,178
南三宝颜 Zamboanga del Sur	512	836,217	3,481	帕加迪安市 Pagadian	142,515
三宝颜锡布格 Zamboanga Sibugay	513	497,239	3,088	伊皮尔 Ipil	—
伊莎贝拉市 Isabela		73,032	141	伊莎贝拉市 Isabela	73,032
X-北棉兰老 Northern Mindanao	52	3,505,708	16,925	卡加延德奥罗 Cagayan de Oro	—
奥罗基耶塔市 Oroquieta（独立市）		461,877	489	卡加延德奥罗市 Cagayan de Oro	461,877
伊利甘市 Iligan（独立市）		（399,061）	813	伊利甘市 Iligan	355,061
布基农 Bukidnon	521	1,060,265	8,294	马来巴来市 Malaybalay 巴伦西亚市 Valencia	123,672 147,924
甘米银 Camiguin	522	74,232	230	曼巴豪 Mambajao	—
北拉瑙 Lanao del Norte	523	473,062	2,279	图博 Tubod	—
西米萨米斯 Misamis Occidental	524	486,723	1,939	奥罗基耶塔市 Oroquieta 奥三棉示市 Ozamis 坦古市 Tangub	59,843 110,420 49,695
东米萨米斯 Misamis Oriental	525	664,338	3,081	卡加延德奥罗市 Cagayan de Oro 欣奥奥格市 Gingoog 萨尔瓦多市 El Salvador	102,379 34,650 —

续表

大区名	编号	人口	面积（km^2）	首府和“市”	人口
Ⅺ-达沃区 Davao	53	3,676,163	19,672	达沃 Davao	—
达沃市 Davao（独立市）		1,147,116	2,444	达沃市 Davao	1,147,116
北达沃 Davao del Norte	532	743,811	3,463	塔古姆市 Tagum 帕纳博市 Panabo 萨马尔市 Samal（花园岛市）	179,531 133,950 82,609
南达沃 Davao del Sur	533	758,801	3,934	迪戈斯市 Digos	125,171
东达沃 Davao Oriental	534	446,191	5,164	马蒂市 Mati	105,908
康波斯特拉谷 Compostela Valley	531	580,244	4,667	那布图兰 Nabunturan	—
Ⅻ-SoCCSKSarGen	54	3,208,770	18,348	科罗纳达尔 Koronadal	—
桑托斯将军城市 General Santos（独立市）		411,822	493	桑托斯将军城市 General Santos	411,822
哥打巴托市 Cotabato（B类独立市，注）		163,849	176	哥打巴托市 Cotabato	163,849
哥打巴托 Cotabato	541	958,643	6,566	基达帕万市 Kidapawan	101,205
萨兰加尼 Sarangani	542	410,622	2,980	阿拉贝尔 Alabel	60,779
南哥打巴托 South Cotabato	543	690,728	3,996	科罗纳达尔市 Koronadal 波洛莫洛克 Polomolok	133,786 110,709
苏丹库达拉 Sultan Kudarat	544	586,505	4,715	伊苏兰 Isulan 达古龙市 Tacurong	73,129 76,354
XⅢ-卡拉加 Caraga	55	2,094,021	18,848	武端 Butuan	—
武端市 Butuan（独立市）		267,279	817	武端市 Butuan	267,279

续表

大区名	编号	人口	面积（km^2）	首府和"市"	人口
北阿古桑 Agusan del Norte	551	285,570	1,773	卡巴巴兰 Cabadbaran	55,006
南阿古桑 Agusan del Sur	552	559,294	8,966	普罗思佩里达 Prosperidad 拜乌干市 Bayugan	70,815 93,623
南苏里高 Surigao del Sur	554	501,808	4,552	丹达 Tandag 比斯利格市 Bislig	44,327 97,860
北苏里高 Surigao del Norte	553	374,465	1,937	苏里高市 Surigao 锡亚高岛（8镇）Siargao	118,534 75,422
迪纳加特群岛 Dinagat Islands		106,951	802	圣何塞 San Jose	25,532
棉兰老穆斯林自治区 Muslim Mindanao	56	2,803,045	13,010	苏丹库达拉 Sultan Kudarat	—
南拉瑙 Lanao del Sur	562	800,162	3,873	马拉维市 Marawi	131,090
马京达瑙 Maguindanao（同名族）	563	435,254	4,900	谢里夫阿瓜克 Shariff Aguak （马戈诺伊 Maganoy）	49,531 —
巴西兰 Basilan	561	259,796	1,234	伊莎贝拉市 Isabela	
苏禄 Sulu	564	619,668	1,600	霍洛 Jolo	87,998
塔威塔威 Tawi-Tawi（萨马尔人）	565	322,317	1,087	邦奥 Bongao	58,174
菲律宾 Philippines		76,498,735	300,077	马尼拉Manila	—

附录二　中国菲律宾重要双边文件[①]

（一）政治

1975年6月9日，中菲签署《中华人民共和国政府和菲律宾共和国政府联合公报》，两国建立大使级外交关系。

1996年11月，江泽民主席对菲律宾进行国事访问，双方发表《中华人民共和国政府和菲律宾共和国政府联合新闻公报》。

2000年5月，唐家璇外长与西亚松外长在北京签署了《中华人民共和国政府和菲律宾共和国政府关于21世纪双边合作框架的联合声明》。

2004年9月1日，菲律宾总统阿罗约访华期间，中菲在北京发表《中华人民共和国政府和菲律宾共和国政府联合新闻公报》。

（二）经济

贸易、投资、金融

《中华人民共和国政府和菲律宾共和国政府贸易协定》，1975年6月9日签于北京。

《中华人民共和国和菲律宾共和国双边投资保护协议》，1999年7月20日签于马尼拉。

《中华人民共和国政府和菲律宾共和国政府防止双重征税及逃税的协议》，1999年11月18日签于北京。

《在中国和菲律宾设立银行机构的备忘录》，2000年5月签订。

《中国贸易促进会与菲律宾商会合作协议》，2001年10月签订。

《中国人民银行与菲律宾中央银行货币互换协议》，2003年8月30签

---

①《中菲重要双边文件》，http://ph.china-embassy.org/chn/zfgx/zzgx/t233337.htm，查询日期：2011年1月5日。

于马尼拉。

航空、旅游

《中华人民共和国政府和菲律宾共和国政府民用航空运输协定》，1979年7月8日签于北京。

《中华人民共和国和菲律宾共和国旅游合作协定》，1990年5月10日签于北京。

《中菲双边旅游合作备忘录》，2002年9月11日签于北京。

《中菲航空服务备忘录》，2004年3月2日签于北京。

《中华人民共和国旅游局和菲律宾共和国旅游部旅游合作执行计划》，2004年9月1日签于北京。

农业

《中华人民共和国政府和菲律宾共和国政府农业合作协定》，1978年11月18日签于北京。

《中菲农业技术合作备忘录协定》，1980年4月23日签订。

《中菲杂交水稻技术合作备忘录》，1999年7月签订。

《中菲农业及相关领域合作备忘录》，1999年9月签订。

《中菲灌溉、农业及相关领域合作备忘录》，2000年5月16日签订。

《中国农业机械进出口公司和菲律宾财政部关于用于菲律宾农业发展工程的1亿美元贷款的协议》，2000年12月20日签订。

《中华人民共和国农业部和菲律宾共和国农业部渔业合作备忘录》，2004年9月1日签于北京。

基建

《中国进出口银行向菲律宾财政部提供4亿美元买方优惠贷款备忘录》，2003年8月30日签于马尼拉。

《中国机械设备公司与菲律宾北吕宋铁路公司补充备忘录》，2004年9月1日签于北京。

能源

《中国海洋石油公司与菲律宾国家石油开发公司合作意向书》，2003年11月10日签订。

《中国海洋石油公司与菲律宾国家石油公司在南海部分海域开展联合地震工作的协议》，2003年11月10日签订。

（三）文化、体育

《中华人民共和国政府和菲律宾共和国政府文化合作协定》，1979年7月8日签于北京。

《中菲体育合作备忘录》，2001年10月签订。

《中菲第12次文化合作议定书》，2002年12月17日签订。

（四）科技

《中华人民共和国和菲律宾共和国科技合作协定》，1978年3月14日签于马尼拉。

《中菲第12次科技合作议定书》，2000年5月签订。

（五）军事

《中华人民共和国国防部和菲律宾共和国国防部关于互设武官处的协定》，1996年7月29日签于北京。

《中华人民共和国国防部和菲律宾共和国国防部防务合作备忘录》，2004年11月8日签于北京。

（六）警务司法

《中华人民共和国和菲律宾共和国打击贩毒合作备忘录》，2001年7月29日签于北京。

《中华人民共和国和菲律宾共和国引渡条约》，2001年10月签订。

《中华人民共和国政府和菲律宾共和国政府打击跨国犯罪合作备忘录》，2001年10月签于北京。

（七）领事

《中菲外交领事人员5年多次签证协议》，2002年7月3日签订。

《互免持外交、公务（官员）护照人员签证协定》，2004年9月1日签于北京，2005年2月28日开始生效。

（八）新闻

《中华人民共和国国务院新闻办公室和菲律宾共和国新闻部新闻交流合作意向书》，2004年9月3日签于北京。

附录三 菲律宾政府机构联系方式

参议院 Senate

地址：Senate Bldg. GSIS Financial Complex, Pasay City, Metro Manila

电话：+63（2）5526601 to 90

网址：www.senate.gov.ph

众议院 House of Representatives

地址：Constitution Hills, Quezon City, Metro Manila

电话：+63（2）9315001

网址：www.congress.gov.ph

最高法院 Supreme Court

地址：Padre Faura St., Ermita, 1000 Manila

电话：+63（2）5255750, 5250736

传真：+63（2）5268129

网址：www.supremecourt.gov.ph

移民局 Bureau of Immigration

地址：Bureau of Immigration Bldg., Magalaanes Drive, Intramuros, Manila

电话：+63（2）5273314, 5273260, 5273248

传真：+63（2）5273279

网址：www.immigration.gov.ph

证券交易委 Securities and Exchange Commission

地址：SEC Building, EDSA, Greenhills, Mandaluyong City, Metro Manila

电话：+63（2）7260931 to 39

传真：+63（2）7255293

邮箱：mis@sec.gov.ph

网址：www.sec.gov.ph

经济特区管理委员会 Philippine Economic Zone Authority

地址：Roxas Boulevard Corner San Luis Str., Pasay City, Manila

电话：+63（2）5513454, 5513455

传真：+63（2）8916380

国家统计协调委员会 National Statistical Coordination Board

地址：Midland Buendia Bldg., 403 Sen. Gil Puyat Ave., Makati City, Philippines

电话：+63（2） 8952767

传真：+63（2） 8908456

邮箱：info@nscb.gov.ph

网址：www.nscb.gov.ph

菲海外就业管理局 Philippine Overseas Employment Administration

地址：POEA Building, Ortigas Ave. corner EDSA, Mandaluyong City, Manila

电话：+63（2）7221142 to 99

传真：+63（2）7221159

网址：www.poea.gov.ph

海关管理局 Bureau of Customs

地址：Customs Bldg., Port Area, South Harbor, Manila

电话：+63（2）5278402 to 27, 5271944, 5273298

传真：+63（2）5274511, 5271953

关税管理局 Tariff Commission

地址：East Avenue, Diliman, Quezon City 1100, Metro Manila

电话：+63（2）4335895

传真：+63（2）9217960

邮箱：info@tariffcommission.gov.ph

网址：www.tariffcommission.gov.ph

国内税务局 Bureau of Internal Revenue

地址：BIR National Office Bldg., Agham Road, Diliman, Quezon City Manila

电话：+63（2）9817000

邮箱：contacy_us@cctr.bir.gov.ph

网址：www.bir.gov.ph

审计委 Commission of Audit

地址：Commenwealth Avenue, Quezon City, Manila

电话：+63（2）9525700, 9319207, 9319268

网址：www.coa.gov.ph

菲中央银行 Central Bank of the Philippines

地址：A. Mabini St. cor. P. Ocampo St., Malate Manila

电话：+63（2）5247100

传真：+63（2）5231252

邮箱：bspmail@bsp.gov.ph

网址：www.bsp.gov.ph

附录四　菲律宾中资公司联系方式

中国银行马尼拉分行 Bank of China Manila Branch

地址：G & 36th Flr. Philam Life Tower, 8697 Paseo de Roxas, Makati M.M.

电话：+63（2）8850111

传真：+63（2）8850548

中国地质集团公司 China Geo-Engineering Corporation

地址：15 Mindanao St., Marina Baytown East, Parañaque, M.M.

电话：+63（2）8798174

传真：+63（2）8793302

中国有色矿业有限责任公司 China Kuang Ye Non-Ferrous Metal Ltd. Liability Co. Phil.

地址：2103 Gotesco Tower B, 1129 Concepcion St., Ermita Manila

电话：+63（2）3383172

传真：+63（2）5275893

中国检验认证集团菲律宾有限公司 China Commodity Inspection Corporation

地址：18 Lincoln St., West Greenhills San Juan

电话：+63（2）7222740

传真：+63（2）7216717

中国电力技术进出口公司 China Electric Power Technology Import & Export Corp.

地址：Bayview International Tower 1, Roxas Blvd., Parañaque

电话：+63（2）8556928

传真：+63（2）8556928

中港集团 China Harbour Engineering Compony Group

地址：Unit – B 9th/Flr. R. Magsaysay Center 1686 Roxas Blvd., Manila

电话：+63（2）3032782

传真：+63（2）3032783

中国水利电力对外公司 China International Water & Electric Corp.

地址：1106 Ermita Center Bldg., 1350 Roxas Blvd., Ermita Manila

电话：+63（2）5264850

传真：+63（2）3380679, 3380677

中工国际工程股份有限公司 China CAMC Engineering Co. Ltd.

地址：2104–A East Tower PSE Center Ortigas, Pasig

电话：+63（2）6879158, 6879159

传真：+63（2）6879157

中国技术进出口公司菲律宾代表处 China National Technical Import & Export Corp.

地址：3703–D West Tower PSE Center Ortigas Pasig

电话：+63（2）6354218, 6354219

传真：+63（2）6320225

中国有色金属建设股份有限公司 China Non-Ferrous Metal Industries Foreign-Engineering & Construction Co. Ltd.

地址：606 6th/Flr. Gotestco Tower A, 1129 Concepcion St., Ermita, Manila

电话：+63（2）3026759

传真：+63（2）5275863

中国路桥（集团）总公司菲律宾办事处 China Road & Bridge Corporation

地址：1001 Maria Natividad Bldg., 470 T.M. Kalaw Ave., Ermita Manila

电话：+63（2）5251232

传真：+63（2）5251419

中国海运集团 China Shipping Manila Agency Inc.

地址：6th Flr. Carolina Bldg., 2106 Madre Ignacia St., Malate Manila

电话：+63（2）3032066

传真：+63（2）5266320

中国南方航空公司 China Southern Airline

地址：G/F U-5 Golden Empire Tower 1322 Roxas Blvd., Malate Manila

电话：+63（2）5216666

传真：+63（2）5211448

中国建筑工程公司 China State Construction Engineering Corp.

地址：3102 31st Flr. Orient Square Bldg., Emerald Ave., Ortigas Pasig

电话：+63（2）6373466

传真：+63（2）6373471

中国武夷实业股份有限公司 China Wuyi Co. Ltd.（Phils）

地址：15th/Flr. Victoria Bldg., UN Ave., Manila

电话：+63（2）5217702

传真：+63（2）5217701

中远菲律宾代理有限公司 COSCO Philippines Shipping Inc.

地址：5th Flr. Coralina Bldg. 2106 Madre Ignacia St., Malate Manila

电话：+63（2）5360386

传真：+63（2）5261773

大连冰山集团 Dlian Bingshan Group Import & Export Co. Ltd.

地址：Atlanta Center Unit 1601, 31 Annapolis St., Greenhills

电话：+63（2）7265927

传真：+63（2）7265927

华夏机车制造国际贸易有限公司 Huaxia Motor MFG. & Trading Corp.

地址：FMC Center, Diego Serra Ave., Pulang Lupa Las Pinas

电话：+63（2）8746906

传真：+63（2）8747149

哈尔滨电站工程有限责任公司 Harbin Power Engineering Corp.

地址：14 Luxury Plaza, Valle Verde 5 Pasig City

电话：+63（2）6316660

传真：+63（2）6339795

华立集团 Holley Int'l（Phil. Office）

地址：1403-A West Tower PSE Center, Ortigas Center, Pasig City

电话：+63（2）6361355, 6362944

传真：+63（2）6361833

华为集团 Huawei Technologies Phils. Inc.

地址：Unit 2108, 88 Corporate Center, Sedeno Cor. Valero St., Salcedo Village, Makati

电话：+63（2）8850954

传真：+63（2）8850261

菲律宾东运制版有限公司 Philipines Dong Yun Platemaking Corp.

地址：Rm 1205-06 Jafer Bldg., 19 Eisenhower St., Greenhills

电话：+63（2）7212656

传真：+63（2）7212656

TCL菲律宾公司 TCL Sun Inc.

地址：1901 Richville Corporate Tower, Madrigal Business Park

电话：+63（2）8074880

传真：+63（2）8074372

西安电力工程公司 Xi'an Electric Engineering Co. Ltd.

地址：461 Duke St., East Greenhills, Mandaluyong City

电话：+63（2）7272424

传真：+63（2）7250281

中兴通讯集团 ZTE Corporation

地址：16th/Flr. Robinson' s Summit Center 6378 Ayala Ave., Makati

电话：+63（2）8864581

传真：+63（2）8442705

附录五　菲律宾主要商会联系方式

菲律宾工商联合会Phlippine Chamber of Commerce and Industry

地址：G/F, Philippine International Convetion Center, East Wing, Secretariat Building, CCP Complex, Roxas Blvd, Pasay City, Metro Manila, Philippines

电话：+63（2）833591, 8338595

传真：+63（2）8338895

菲华商联总会 Federation of Filipino-Chinese Chambers of Commerce & Industry, INC.

地址：6th Floor, Federation Center, Muelle de Binondo St. Manila, Philippines

电话：+63（2）2419201

传真：+63（2）2422361, 2422347

邮箱：secretariat@ffcccii.com.ph

网址：www.ffcccii.com.ph

菲律宾电器商联总会 Federation of Electrical & Electronics Suppliers & Manufactures of Philippines, INC.

地址：3001 Ramon Magsaysay Blvd. Cor. M. Dela Fuente St., Sta. Mesa Manila, Philippines

电话：+63（2）7153002, 7153184

传真：+63（2）7163789

菲华工商总会 Chinese Filipino Business Club, INC.

地址：6th Floor Birch Tree Plaza Bldg., 825 Muelle de la Industria, Binondo, Manila, Philippines

电话：+63（2）2444991, 2444996

传真：+63（2）2444997, 2416475

网址：www.cfbc.com.ph

菲华联谊总会 Filipino Chinese AMITY Club, INC.

地址： 3rd FL. 542 T. Pinpin St., Binondo, Manila, Philippines

电话：+63（2）2426850, 2426851

传真：+63（2）2426850

邮箱：filchiamity@yahoo.com

菲律宾中华总商会 Filipino-Chinese General Chamber of Comerce, INC.

地址：1122 Soler St., Manila, Philippines

电话：+63（2）7114141-232，2447231

传真：+63（2）7436366，2447635